Leo

Diseño gráfico de la cubierta de © YES.

Fotografía de la cubierta de © Andy Zito/Getty Images.

ISBN: 978-1-64461-031-2

Rolando Rossi
con la colaboración de Chiara Bertrand

Leo

De Vecchi
DVE Ediciones

Índice

Introducción general

El nacido bajo el signo de Leo debe, porque así es su naturaleza, elevarse más ardientemente que otro hacia la síntesis de la comprensión, aprovechar el magnetismo solar que especialmente lo impregna, acercarse a la perfección que este astro simboliza.

LOUIS POINSO

El signo de Leo, regido por el Sol, representa la plenitud del verano, la expansión de la luz y la afirmación del yo. Los nacidos bajo este signo —entre el 23 de julio y el 23 de agosto— poseen un aura cálida y magnética que les convierte en líderes naturales, generosos y profundamente creativos.

Leo no teme destacar. Muy al contrario, busca la expresión plena de su individualidad a través del arte, del amor, del poder o del reconocimiento social. Como el astro que lo rige, brilla con luz propia, pero necesita también ser visto, admirado y valorado. Por ello, el elogio sincero es, para Leo, el mejor combustible emocional.

Este libro, actualizado para los años 2025 y 2026, ofrece una guía detallada de las principales características del signo, tanto en su dimensión psicológica como espiritual, así como su evolución a lo largo del ciclo vital. También encontrarás información sobre la infancia de Leo, sus gustos, sus vínculos afectivos, su salud, y su papel dentro del hogar y la sociedad.

A lo largo de las siguientes páginas se abordarán:

- Las cualidades esenciales del signo Leo y su modo de actuar ante los desafíos
- Las diferencias entre el hombre y la mujer Leo
- La infancia y adolescencia del signo
- Las amistades, los amores, las vocaciones y los dones
- La evolución espiritual y la influencia de los planetas
- El hogar ideal, los pasatiempos, los colores, perfumes y regalos preferidos
- Las casas astrológicas y el cálculo del ascendente
- Las tendencias astrales específicas para 2025 y 2026

Tanto si eres Leo como si tienes cerca a alguien de este signo, esta guía te permitirá conocerlo en profundidad, comprender sus motivaciones y acompañar su camino hacia una vida más consciente, luminosa y plena.

ROLANDO ROSSI

Primera parte

DEDICADO A TODOS LOS LEO

por *Rolando Rossi*

Mitología y simbolismo

En el saber astrológico, en las antiguas disciplinas esotéricas y en la tradición popular, el signo de Leo ha simbolizado siempre la magnificencia del ser, el resplandor fulgurante y la potencia afirmativa del Yo.

Estrechamente vinculado al Sol, Leo ha sido considerado desde tiempos remotos como el signo central, en analogía con el gran corazón del universo, donde se concentra y se irradia la energía cósmica y astral.

En ese Sol —centro, corazón, orden, amor, consciencia, fuego interior, plexo solar— se reconoce fácilmente su impronta. En la India, es Surya: el Sol, el fuego que anima todo el firmamento. También Krishna encarna el fuego como llama vital: «Yo soy el fuego que reside en los cuerpos de todos los seres vivientes».

En las antiguas tradiciones indias se menciona una era regida por Leo como la más espléndida, época en la que tuvo lugar una encarnación de Visnú y se alcanzó la victoria total sobre las fuerzas enemigas.

En la mitología griega, la era de Leo se vincula con la época de los semidioses, marcada por los trabajos de Hércules, quien se convierte así en arquetipo emblemático del signo.

Leo se concibe ante todo como un signo profundamente humano en su expresión más noble. De hecho, en las grandes eras dominadas por las constelaciones zodiacales, la era de Leo se remonta a unos diez mil años atrás, coincidiendo con la aparición del homo sapiens sobre la Tierra.

En la antigua religión iraní del Parsismo, el fuego solar —custodiado por leones en el centro del templo— se representa como una luz divina proyectada sobre el alma humana.

Las escrituras sagradas de las diversas religiones antiguas ofrecen múltiples fragmentos que remiten a Leo como símbolo del fuego solar. La figura de Sansón, con su melena larga —emblema de la llama viva y de los rayos solares— también pertenece a esta esfera simbólica.

Leo es asimismo una fuerza puesta al servicio de la justicia y de las leyes divinas. En el arte simbólico, es frecuente encontrarlo como depositario de leyes, códigos y mandatos.

Incluso en la iconografía religiosa y esotérica, Leo aparece como guardián y defensor del bien. San Carlos Borromeo aconsejaba, e incluso ordenaba, colocar estatuas de leones a la entrada de iglesias y lugares sagrados como símbolos de protección espiritual.

Leo es reconocido como el signo del éxito, del cumplimiento de las misiones, del progreso humano, del orden y la justicia. Sin embargo, en su aspecto sombrío puede reflejar los excesos del ser humano: la vanidad desmedida, el orgullo exacerbado, la ambición sin escrúpulos, la opresión y la explotación de los más débiles.

Por ello, en las representaciones artísticas y arquetípicas, Leo puede encarnar tanto el fuego noble de la creación como la llama devastadora de la ira y la arrogancia.

No en vano, el diablo ha sido representado a menudo con rasgos leoninos. San Pedro escribe: «Sed sobrios y vigilantes, porque vuestro adversario, el diablo, ronda como león rugiente buscando a quién devorar».

En la cartomancia, Leo se asocia con varias cartas del Tarot:

- **La Fuerza**, representada por una figura femenina que, con calma y determinación, abre sin esfuerzo las fauces del león;
- **El Sol**, astro regente del signo, fuente de vida para todo lo que habita la Tierra y símbolo de unión perfecta entre los seres humanos;
- **El Mundo**, donde el león aparece en primer plano como soberano entre los animales.

También las cartas de **La Justicia**, **La Rueda de la Fortuna**, **El Triunfo** y **El Papa** resultan afines al carácter simbólico del signo.

Si bien cada signo contiene aspectos de los demás, Leo está marcado con especial intensidad por el elemento solar, que impregna su esencia y lo distingue con claridad.

En todo el ámbito mediterráneo se conservan numerosas representaciones artísticas de este signo, también vinculadas a la figura del evangelista Marcos.

La presencia de Leo es abundante incluso en las artes llamadas "menores": manuscritos iluminados, tapices, textiles sagrados y ornamentos litúrgicos lo evocan con frecuencia.

Diversos personajes históricos han sido asociados al signo. Uno de ellos fue el papa León X, gran estudioso de la astrología, quien adoptó el símbolo de Leo como emblema personal.

En 1520, al encargar al taller de Rafael la decoración de la bóveda de la Sala de los Pontífices con un tema astrológico, las constelaciones fueron representadas con particular esmero. Como aún se puede admirar, la constelación de Leo —junto con Apolo solar— domina la escena y enriquece el conjunto de la obra.

Otra representación destacada se encuentra en la iglesia de San Lorenzo de Florencia. En la pequeña cúpula de la Sacristía Vieja, proyectada por Brunelleschi, un maravilloso mapa celeste decora la bóveda. El Sol aparece en el signo de Cáncer, confirmando la fecha del 4 de julio de 1442, día de consagración del altar mayor. Sin embargo, también se representa con fuerza la constelación de Leo, en primer plano, como si el autor hubiera querido intensificar y embellecer la escena con su presencia.

Giorgio Vasari, gran artista y cronista del Renacimiento, manifestó en varias de sus obras su interés por la astrología. En su propia casa de Arezzo, aún pueden verse frescos dedicados a los signos zodiacales, los astros y el universo conocido de su época, donde el Sol y el signo de Leo ocupan un lugar privilegiado, símbolo de virtud, triunfo y buena fortuna.

Vanosino, uno de los más hábiles pintores de mapas celestes del siglo XVI, dio también un relieve especial a la constelación de Leo. Basta con observar la bóveda de la «Sala del Mapa del Mundo» en el Palacio Farnesio para quedar extasiado por su esplendor: entre todas las constelaciones, Leo destaca con magnificencia.

Son incontables las obras que hacen referencia al signo de Leo. En plazas, edificios históricos y centros artísticos de toda Europa podemos encontrar representaciones que lo evocan, ya sea como animal real en el mundo natural o como figura simbólica en el imaginario astrológico: sobre estatuas, capiteles, fuentes y otros testimonios patrimoniales.

¿Está seguro de pertenecer al signo Leo?

Si ha nacido el 22, el 23 o el 24 de julio puede verificarlo en la siguiente tabla que muestra el momento de la entrada del Sol en el signo desde 1900 hasta el 2005. Los datos se refieren a las horas 0 de Greenwich. Para los nacidos en España, es necesario añadir una o dos horas al horario indicado (véase la tabla de la página 55).

día	hora	min	día	hora	min	día	hora	min
23.7.1903	2	0	23.7.1939	19	35	23.7.1975	11	30
23.7.1904	7	10	23.7.1940	0	35	22.7.1976	17	27
23.7.1905	13	15	23.7.1941	6	25	22.7.1977	23	5
23.7.1906	19	30	23.7.1942	12	10	23.7.1978	5	2
24.7.1907	1	25	23.7.1943	18	5	23.7.1979	10	50
23.7.1908	7	10	23.7.1944	23	58	22.7.1980	16	40
23.7.1909	12	50	23.7.1945	5	40	22.7.1981	22	35
23.7.1910	18	44	23.7.1946	11	35	23.7.1982	4	15
24.7.1911	0	20	23.7.1947	17	15	23.7.1983	10	35
23.7.1912	6	20	22.7.1948	23	10	22.7.1984	15	57
23.7.1913	13	3	23.7.1949	5	0	22.7.1985	21	35
23.7.1914	17	50	23.7.1950	10	30	23.7.1986	3	25
23.7.1915	23	25	23.7.1951	16	20	23.7.1987	9	7
23.7.1916	5	15	22.7.1952	22	10	22.7.1988	14	55
23.7.1917	11	10	23.7.1953	3	50	22.7.1989	19	32
23.7.1918	15	50	23.7.1954	9	45	23.7.1990	2	25
23.7.1919	22	45	23.7.1955	15	25	23.7.1991	8	15
23.7.1920	4	35	23.7.1956	21	20	22.7.1992	14	8
23.7.1921	10	30	23.7.1957	3	15	22.7.1993	18	45
23.7.1922	16	20	23.7.1958	8	50	23.7.1994	1	43
23.7.1923	22	0	23.7.1959	14	45	23.7.1995	7	32
23.7.1924	3	58	22.7.1960	20	35	22.7.1996	13	20
23.7.1925	9	40	23.7.1961	2	25	22.7.1997	19	8
23.7.1926	15	25	23.7.1962	8	17	23.7.1998	0	48
23.7.1927	21	15	23.7.1963	13	32	23.7.1999	7	3
23.7.1928	3	5	22.7.1964	19	52	22.7.2000	12	40
23.7.1929	8	50	23.7.1965	1	50	22.7.2001	18	27
23.7.1930	14	42	23.7.1966	7	27	23.7.2002	0	15
23.7.1931	20	25	23.7.1967	13	18	23.7.2003	6	5
23.7.1932	2	15	22.7.1968	14	58	22.7.2004	11	51
23.7.1933	8	5	23.7.1969	0	49	22.7.2005	17	42
23.7.1934	12	25	23.7.1970	6	32	22.7.2006	23	19
23.7.1935	19	35	23.7.1971	12	15	23.7.2007	7	1
23.7.1936	1	15	22.7.1972	18	2	22.7.2008	12	56
23.7.1937	7	5	22.7.1973	23	57			
23.7.1938	13	0	23.7.1974	5	32			

Carnet de identidad de Leo

Elemento:	Fuego
Calidad del signo:	fijo, masculino
Calidad y temperamento:	salvaje, agresivo, ardiente, violento, cálido, bilioso, inflamable
Correspondencias anatómicas:	corazón, espalda, hígado, diafragma, aparato circulatorio
Planeta dominante:	Sol
Longitud en el zodiaco:	de 120° a 150°
Signo opuesto (180):	con acción fuerte, Acuario
Signos en quinquonce (150):	con acción débil pero afortunada, Piscis y Capricornio
Signos en trígono (120):	con acción fuerte positiva, Aries y Sagitario
Signos en cuadratura (90):	con acción fuerte negativa, Tauro y Escorpio
Signos en sextil (60):	con acción débil positiva, Géminis y Libra
Signos en semisextil (30):	con acción débil positiva, Cáncer y Virgo
Animales:	león, ciervo, águila, canario, gavilán, cuervo, cocodrilo, perra, luciérnaga, foca

Plantas:	encina, naranjo, girasol, fresno, cedro, vid, enebro, hiedra, pimentero, romero, laurel, lavanda, anís, amapola, muérdago, azafrán, loto
Metal:	oro
Color:	amarillo, marrón
Perfumes:	incienso, benjuí, liquidámbar, ámbar, musgo
Espíritus:	Verchiel, Sitraeger, Phuonisi
Ángeles:	Rafael, Miguel
El genio:	Monpheta
Frase mágica:	Luz de sol fuerza de Leo
Punto cardinal para la meditación:	este
Punto cardinal para el descanso:	eje sur-norte
Punto cardinal para el coraje y la lucha:	eje norte-sur
Estrellas fijas:	Regulus, Alloth, Mizar, De'ne'bola, Be'-ne'tnash
Años de Leo según el ciclo zodiacal:	1901, 1913, 1925, 1937, 1949, 1961, 1973, 1985, 1997
Decanos:	I - Mando - II - Reforma - III - Ambición
Estados, regiones y ciudades:	Italia, Francia, Turquía, Rumanía, Bohemia, Caldea, Fenicia, Alpes, Sicilia, Roma, Ravenna

Psicología y características del signo

La personalidad de Leo

Nacido bajo la influencia directa del Sol, Leo representa la fuerza vital, el orgullo y la generosidad. Su personalidad es expansiva, cálida y profundamente individualista. Ama ser el centro de atención, pero no por simple vanidad: necesita irradiar y compartir lo mejor de sí mismo, convencido de que ha sido "elegido" para cumplir una misión especial.

El leonino se siente impulsado a actuar, a crear, a influir. Le cuesta pasar desapercibido o resignarse a un papel secundario. Su presencia suele ser dominante, tanto por su carisma como por su voz, sus gestos y su capacidad para tomar decisiones. Sin embargo, esta necesidad de afirmación no lo convierte necesariamente en un tirano o en alguien egoísta: Leo desea brillar, sí, pero también hacer brillar a los demás.

A menudo generoso en extremo, tanto material como afectivamente, Leo se enorgullece de proteger, guiar y ayudar a los que ama. Espera, eso sí, que se le reconozca ese esfuerzo. En su interior, Leo busca un espejo que refleje su luz: alguien que lo admire sin opacarlo, que lo inspire sin desafiar su autoridad emocional.

Este signo valora la sinceridad, el respeto y la lealtad por encima de todo. Difícilmente perdona una traición, ya que su orgullo puede ser tan grande como su corazón. En el amor, en la amistad o en el trabajo, Leo necesita sentirse imprescindible, apreciado, necesitado. De lo contrario, se marchita, se retrae o, en los casos más extremos, se vuelve arrogante y autoritario.

Cuando está equilibrado, Leo es el líder noble, el amigo fiel, el compañero generoso y el artista inspirador. Cuando se siente herido, en cambio, puede volverse dramático, inflexible o vanidoso. Por eso, su evolución consiste en aprender a brillar sin deslumbrar, a dar sin esperar, a recibir sin exigir.

Leo no se conforma con sobrevivir: quiere vivir intensamente, dejando huella. Su mayor anhelo es el de ser reconocido como único, pero también como valioso. De ahí su vocación innata para destacarse en los campos donde la creatividad, la expresividad, el poder o el liderazgo son esenciales.

La infancia de Leo

Desde los primeros años, los niños nacidos bajo el signo de Leo muestran una personalidad afirmada y luminosa. Son expresivos, vitales, orgullosos y a menudo buscan destacarse entre los demás, ya sea en el entorno familiar, en la escuela o en sus juegos. Necesitan sentirse importantes, admirados y queridos de manera incondicional.

A diferencia de otros signos más introspectivos, el pequeño Leo no teme mostrarse, actuar o hablar en voz alta. Le gusta atraer la atención de sus padres, maestros y amigos, y se siente profundamente herido cuando se le ignora, ridiculiza o compara desfavorablemente con otros. Detrás de su aparente seguridad hay una gran sensibilidad emocional: el niño Leo necesita estímulos positivos constantes para desarrollar su autoestima.

Un entorno donde se le aliente, se reconozcan sus méritos y se respete su individualidad es fundamental para su crecimiento. El elogio sincero tiene en él un efecto milagroso; en cambio, la crítica dura o el castigo injusto pueden producir efectos muy negativos, desde una actitud desafiante hasta una retirada orgullosa y silenciosa.

Este niño o niña suele tener una imaginación viva y una inclinación natural hacia el arte, el teatro, el canto o los deportes. Disfruta organizando juegos, liderando grupos y tomando decisiones. Tiene un fuerte sentido de la justicia y no tolera sentirse relegado o maltratado. Cuando se siente escuchado y valorado, responde con ternura, generosidad y una notable madurez afectiva.

En la escuela, puede destacarse si su talento es reconocido. Pero si se le obliga a seguir normas rígidas sin margen para expresarse, puede volverse rebelde, desmotivado o distraído. Conviene recordar que el pequeño Leo necesita encontrar un escenario —real o simbólico— donde pueda brillar.

Los padres deben enseñarle que no siempre será el centro del mundo y que la verdadera grandeza nace también de la humildad y la capacidad de compartir. Es importante fomentar en él el respeto por los demás, el sentido de cooperación y el control de su temperamento cuando no obtiene lo que desea.

La infancia de Leo puede ser una etapa dorada si se cultivan su autoestima, su sentido de responsabilidad y su inclinación natural al liderazgo positivo. Con amor, paciencia y reconocimiento, este niño florecerá como una personalidad generosa, creativa y profundamente leal.

El hombre Leo

El hombre nacido bajo el signo de Leo posee una personalidad fuerte, radiante y profundamente afirmada. Sabe quién es y qué quiere, o al menos, lo aparenta con convicción. El leonino busca destacar en su entorno, no por pura vanidad, sino porque siente que ha sido llamado a ocupar un lugar central, ya sea en el trabajo, en el amor o en la vida pública.

Es carismático, apasionado, generoso, a veces teatral, y necesita sentirse admirado, respetado, e incluso reverenciado. Cuando se siente valorado, da lo mejor de sí mismo: es noble, protector, leal hasta el sacrificio. Pero si se ve ignorado o despreciado, puede volverse orgulloso, altivo y dramático. Su autoestima está fuertemente ligada al reconocimiento que recibe de los demás.

En las relaciones afectivas, el hombre Leo es un amante fogoso, idealista y romántico. Le gusta conquistar, seducir, impresionar. No escatima en gestos grandiosos, sorpresas o declaraciones vibrantes. Sin embargo, su amor propio es muy delicado: necesita que su pareja lo admire, lo escuche, lo siga. Una relación donde se sienta desvalorizado puede herirlo profundamente, aunque lo disimule bajo una fachada altiva.

No tolera fácilmente la crítica ni el cuestionamiento de su autoridad emocional. Busca una compañera que lo inspire y a la vez respete su espacio y su liderazgo. A cambio, puede ofrecer una relación intensa, generosa y llena de vitalidad. Cuando está enamorado de verdad, es fiel, protector y muy atento, aunque también tiende a querer marcar el ritmo de la relación.

En la amistad y en el ámbito profesional, el hombre Leo destaca por su capacidad de liderazgo, su energía inagotable y su determinación para alcanzar sus metas. No soporta la mediocridad ni la sumisión sin criterio. Le atraen los desafíos, las causas nobles y todo aquello que le permita dejar huella.

Su mayor riesgo reside en su susceptibilidad y en su necesidad constante de aprobación. Puede mostrarse arrogante si siente que su autoridad está en juego, o caer en el desánimo si no obtiene el reconocimiento que cree merecer.

La evolución del hombre Leo consiste en aprender a brillar desde la autenticidad y no desde la necesidad de ser aplaudido. Cuando lo logra, se convierte en un ser luminoso, inspirador, capaz de transformar su entorno con nobleza, pasión y generosidad.

La mujer Leo

La mujer nacida bajo el signo de Leo es una presencia inolvidable. Tiene un magnetismo natural, una elegancia innata y una personalidad que no pasa desapercibida. Orgullosa, generosa, apasionada y decidida, esta mujer suele destacar por su fuerza interior, su mirada directa y su capacidad de afirmarse sin necesidad de levantar la voz.

No teme tomar la iniciativa ni expresar sus deseos. La mujer Leo sabe lo que vale y no está dispuesta a conformarse con menos de lo que cree merecer. Busca la plenitud en todas las áreas de su vida: en el amor, en el trabajo, en la maternidad, en la amistad. Y lo hace con una mezcla de entusiasmo, firmeza y teatralidad que la vuelve irresistible.

En las relaciones afectivas, es cálida, protectora, fiel y profundamente generosa. Da mucho, pero también exige mucho: respeto, lealtad, admiración. Necesita sentirse amada como una reina, no tanto por capricho como por naturaleza. No tolera el desprecio, la indiferencia ni la rutina gris. Si su pareja sabe valorar su luz y acompañarla con inteligencia, la mujer Leo se convierte en una compañera inquebrantable, apasionada y profundamente inspiradora.

Dotada de un sentido estético refinado y una gran creatividad, puede destacarse en profesiones ligadas al arte, la moda, la comunicación, la docencia o cualquier ámbito donde pueda expresarse libremente. También tiene un fuerte sentido de la justicia y del deber, lo que la lleva a implicarse en causas sociales o familiares con auténtico fervor.

Como madre, combina autoridad y ternura. Quiere lo mejor para sus hijos y no duda en guiarlos con firmeza, pero también con generosidad y entrega. Como amiga, es leal, protectora y siempre dispuesta a brindar apoyo, aunque a veces tienda a dominar o esperar más de lo que recibe.

Uno de sus mayores desafíos es aprender a aceptar la vulnerabilidad sin sentirse disminuida. Bajo su seguridad aparente, suele esconderse una gran necesidad de ser comprendida, amada sin condiciones y respetada en su esencia. También debe vigilar su tendencia al orgullo herido y a la obstinación.

La mujer Leo, cuando se encuentra consigo misma y se libera de la necesidad de aprobación externa, irradia una luz que transforma. Es capaz de liderar con amor, de amar con sabiduría y de vivir con una intensidad que deja huella allá donde va.

La amistad

La corte del Leo estará siempre rodeada de amistades influyentes y conocidos importantes.

Sin embargo, para los nativos de este signo, la amistad no es un fin en sí misma, sino un camino hacia nuevos desarrollos personales y sociales. Por ello, esta relación está sujeta a condiciones muy precisas: incluso en el ámbito amistoso debe existir un equilibrio, un intercambio tangible.

En su forma de concebir el mundo, debe mantenerse cierta distancia respecto al prójimo —aquel común mortal—, ya que, pese a su innata sociabilidad y su necesidad constante de un público que los admire, seleccionan cuidadosamente su entorno. Huyen de las personas que consideran empobrecedoras, portadoras de miserias o malos augurios.

Para ellos, la vida se vive en grupo, pero no como uno más, sino como protagonistas indiscutibles dentro del conjunto, donde cada uno desempeña un papel específico. Y no es de extrañar que los demás graviten naturalmente a su alrededor: tienen carisma, son brillantes, encantadores y siempre logran dinamizar el ambiente con ideas originales y momentos divertidos.

Dotados de un talento artístico que rara vez pasa desapercibido —ya sea por vocación o por afición—, no tienen reparo en ponerlo al servicio del entretenimiento colectivo, aunque lo hagan, en el fondo, para cosechar aplausos y reconocimiento.

En cuanto a los amigos de su pareja o de sus hijos, suelen mostrarse exigentes: sus criterios de selección se guían, por lo general, por el nivel social y cultural. Para obtener su aprobación, los amigos deben estar al mismo nivel o incluso por encima, pero nunca por debajo.

No es raro que del círculo de amistades surja eventualmente la futura pareja oficial, cuidadosamente elegida como la mejor opción disponible.

Pese a todo, en el fondo de sus relaciones prevalecerán la lealtad y el altruismo, especialmente cuando se despierte en ellos un genuino sentido humanitario.

La evolución espiritual de Leo

La trayectoria espiritual de Leo es una búsqueda de sentido, de autenticidad y de luz interior. Aunque al principio su impulso vital se manifiesta a través del deseo de brillar, de afirmarse y de ser reconocido, con el tiempo el leonino descubre que su verdadera grandeza no reside en la admiración de los otros, sino en su capacidad de dar desde el corazón.

El ego de Leo es fuerte, pero no necesariamente egocéntrico. En las etapas iniciales de su vida, busca afirmarse a través del éxito, la notoriedad o el aplauso. Sin embargo, la vida lo lleva —a través de pruebas, decepciones o pérdidas— a comprender que el verdadero poder no está en dominar, sino en inspirar; no en imponerse, sino en compartir.

La espiritualidad de Leo está profundamente vinculada al arquetipo del Sol: una fuente de luz que no pide nada a cambio, que simplemente irradia. Cuando Leo trasciende su necesidad de reconocimiento externo, puede convertirse en un ser profundamente generoso, capaz de transformar su entorno con su sola presencia.

Su corazón, cuando se abre de verdad, se vuelve una fuente inagotable de calor, consuelo y guía.

Uno de los aprendizajes más importantes para este signo consiste en renunciar al orgullo y abrazar la humildad sin perder la dignidad. No se trata de apagar su fuego interior, sino de aprender a usarlo para iluminar, no para deslumbrar. En ese camino, Leo se encuentra con su auténtico yo: no el que brilla por vanidad, sino el que brilla por amor.

A nivel espiritual, Leo puede sentirse atraído por caminos que impliquen la expresión artística, la enseñanza, el liderazgo ético o el servicio desinteresado. Tiene una gran capacidad para guiar a otros, siempre que actúe desde la autenticidad y no desde el deseo de imponer su voluntad.

Los tránsitos planetarios que más impactan a Leo en su evolución espiritual suelen ser aquellos que afectan al Sol, su astro regente, así como los movimientos de Saturno, que le enseñan a madurar, estructurarse y adquirir profundidad. También Neptuno y Plutón pueden abrirle puertas hacia dimensiones más sutiles del ser, especialmente cuando ha aprendido a rendirse y a confiar.

En su forma más elevada, Leo representa la conciencia solar despierta: el ser que irradia sin ego, que ama sin poseer y que guía sin manipular. Cuando alcanza esa etapa, se convierte en una figura inspiradora, capaz de tocar corazones, elevar almas y sembrar luz allí donde antes reinaba la sombra.

El hogar de Leo

El hogar del signo Leo refleja su carácter luminoso, generoso y majestuoso. No se trata necesariamente de un lugar ostentoso, pero sí de un espacio donde se sienta reconocido, respetado y libre de expresarse con plenitud. El leonino necesita un entorno que potencie su autoestima, que le permita brillar y que a la vez lo envuelva con calidez.

En casa, Leo busca comodidad, armonía y belleza. Suele cuidar los detalles, elegir con esmero los objetos decorativos y crear una atmósfera acogedora donde pueda recibir a sus seres queridos como un anfitrión orgulloso. Le gusta que su hogar hable de él: que sea un reflejo de sus gustos, de sus logros, de su historia.

No tolera bien los espacios apagados, impersonales o caóticos. Prefiere la luminosidad, los colores cálidos, los ambientes espaciosos o, al menos, bien organizados. Un rincón para el descanso, otro para el arte o la música, y una mesa generosa para compartir con amigos suelen ser elementos esenciales en su casa ideal.

A Leo le gusta tener su lugar de autoridad dentro del hogar, aunque no siempre lo impone con dureza. Le basta con sentir que su opinión es escuchada, que su presencia es valorada y que puede actuar como protector y guía de los suyos. Cuando se siente desplazado o ignorado en su propio espacio, puede volverse irritable, dramático o retraído.

En familia, Leo es leal, protector y profundamente afectuoso. Necesita relaciones sinceras y vínculos donde el respeto sea mutuo. Tiende a ocupar naturalmente el rol de organizador, mediador o figura de referencia. Puede ser un padre o madre muy presente, exigente pero generoso, que desea lo mejor para sus hijos y que se esfuerza por dar el ejemplo.

En la vida cotidiana, Leo valora tanto los momentos de intimidad como los de celebración. Es sociable, y suele disfrutar de las reuniones familiares, las cenas festivas y todo aquello que permita compartir la vida con intensidad. Eso sí, necesita también espacios de reconocimiento y autonomía: no soporta sentirse limitado o sometido a rutinas grises.

El hogar ideal para Leo es aquel donde puede amar, crear, descansar y brillar. Un lugar donde su luz no se opaque, donde su palabra tenga peso y donde su corazón pueda desplegarse sin miedo. Cuando lo encuentra o lo construye, ese hogar se convierte en un verdadero reino: no de dominio, sino de amor, alegría y calor humano.

Las aficiones

Podría decirse que todo despierta la curiosidad de los nativos de Leo. Es posible encontrarlos como orgullosos dueños de una exclusiva colección de coches antiguos —quizá muy costosos y de colores brillantes—, o corriendo tras mariposas exóticas en plena sabana, o incluso explorando páramos remotos en busca de vestigios paleontológicos.

Sea como sea, siempre mostrarán una tendencia hacia actividades y objetos de cierto valor, ya sea cultural, estético o histórico. Por ello, es aconsejable orientarlos desde temprana edad hacia investigaciones y aficiones de fondo, aquellas que les permitan cultivar su intelecto y su espíritu creativo.

Para los Leo, cualquier ocupación tiene, además, una función esencial: hacerlos parecer interesantes, originales y únicos. Precisamente por eso, su entusiasmo por un tema determinado suele ser efímero. Tienden a cambiar con frecuencia de una afición a otra, en parte porque disfrutan implicando a los demás —especialmente a sus hijos— en sus proyectos. Y, con tal de lograr su colaboración, no dudarán en insistir con firmeza hasta rozar la imposición.

En todo lo que emprenden, los Leo se muestran precisos y meticulosos, con una paciencia que les permite documentarse en profundidad. Buscan siempre dar su toque personal, abordando cualquier desafío con espíritu competitivo: jamás tolerarán sentirse superados en aquello que depende exclusivamente de su ingenio y creatividad.

Son, en definitiva, un pozo de versatilidad. Lástima que sus intereses requieran tanto tiempo y dedicación, porque de ser más constantes podrían llegar a realizar verdaderas obras maestras que enriquecerían el arte y el mundo.

Sienten, además, un interés particular por todo lo relacionado con la vestimenta, en especial por los complementos. La mujer Leo se distinguirá por su especial dedicación a la elección de joyas y accesorios, buscando siempre realzar su presencia y proyectar una imagen impecable.

Estudios – Profesiones – Dinero

Estudios ideales

Los estudios humanísticos, así como las ciencias naturales y astronómicas, suelen ser especialmente adecuados para los nativos del signo de Leo.

Sin embargo, estos jóvenes estarán siempre profundamente influidos por el entorno en el que crezcan. Por ello, más allá de una orientación específica, cualquier camino académico puede ser válido, siempre que cuenten con el respaldo total y el acompañamiento incondicional de su familia.

El apoyo activo y las decisiones meditadas de los padres o tutores resultarán determinantes para su futuro desarrollo y para el éxito personal y profesional del pequeño Leo.

Es frecuente encontrar casos en los que estos nativos siguen los pasos de la familia, heredando con entusiasmo una vocación o una empresa ya consolidada. Cuando esto sucede, se convierten en herederos ejemplares, porque se sienten oficialmente investidos con la misión de continuar aquello que ha sido cultivado con orgullo en su entorno. Esta continuidad les aporta felicidad, y a su vez, ellos se transforman en motivo de orgullo para sus seres queridos.

Asimismo, las carreras diplomáticas, jurídicas y educativas se ajustan perfectamente a las características leoninas. Los nativos de Leo suelen tener algo valioso que enseñar y lo hacen con entusiasmo, entrega y un fuerte sentido de la misión.

Eso sí: necesitan discípulos comprometidos. Requieren alumnos o seguidores dispuestos a esforzarse, a ir más allá de lo superficial, a crecer. En ausencia de ese compromiso, las relaciones se tensan, ya que el profesor Leo no tolera la apatía ni la falta de ambición, y tiende a mostrarse impaciente con quienes no logran completar sus objetivos.

Las disciplinas científicas y las nuevas tecnologías, como la informática, también pueden atraer su interés, siempre que se presenten de manera estimulante y dinámica. Si, en cambio, se perciben como una imposición —"porque están de moda" o por mera obligación académica—, el entusiasmo inicial de Leo se apaga rápidamente.

Salidas profesionales

Para evitar fracasos tempranos, es fundamental que los nativos de Leo consigan encontrar el camino profesional adecuado desde el principio. Por naturaleza, están llamados a ser ganadores; por ello, el fracaso no solo los desanima, sino que puede afectar profundamente su autoestima.

Aunque poseen una notable capacidad de adaptación —flexible y versátil— que les permite integrarse con relativa facilidad en casi cualquier entorno o profesión, conviene prestar especial atención a los primeros trabajos que desempeñen.

Aceptar un empleo cualquiera, que no se ajuste plenamente a sus características y aspiraciones, podría dañar su entusiasmo, minar su optimismo y desdibujar sus expectativas futuras. Por ello, es preferible esperar la oportunidad adecuada antes que empujarlos hacia una ocupación poco gratificante.

Afortunadamente, su instinto natural para el éxito les permitirá, tarde o temprano, identificar el camino correcto, salvo que ya hayan recibido una preparación académica orientada hacia una profesión concreta. En ese caso, se lanzarán de lleno a esa actividad con gran determinación, y el éxito no tardará en llegar.

Sin embargo, nunca deben dejarse abandonados a su suerte. Su mente inquieta y su apertura hacia múltiples intereses los hacen especialmente vulnerables a tentaciones y desvíos, sobre todo durante la juventud, etapa en la que las distracciones y las malas influencias pueden tener consecuencias duraderas.

En el caso de las mujeres Leo, el camino profesional puede presentar retos aún más complejos. También ellas aspiran con fuerza a una carrera destacada y a un éxito rápido —y no son pocas las que lo consiguen con brillantez—, pero no siempre resulta fácil.

Para alcanzar las metas ambiciosas que se proponen, muchas veces se ven obligadas a librar una intensa lucha interior, además de enfrentarse a la presión del entorno. El riesgo de cometer errores está siempre presente, ya que suelen ser blanco de envidias, objeto de rivalidades o incluso blanco de adulaciones interesadas. Todo esto puede generar confusión y desgaste emocional.

Aun así, cuando la mujer Leo alcanza el éxito —algo que ocurre con frecuencia—, este se extiende, perdura y despierta admiración. No es de las que lo ocultan: al contrario, suele exhibirlo con orgullo, incluso más de lo necesario, como si quisiera desafiar a los envidiosos o atraer más rivales. Pero en el fondo, cuesta que olvide una humillación, y es habitual que, de manera natural, se tome su revancha con rapidez.

En cualquier caso, tanto para hombres como para mujeres, las bases del éxito suelen echar raíces en los orígenes, y la extracción social suele ocupar un papel destacado.

Una regla útil podría ser hacerles empezar desde lo más bajo, aunque no es tarea sencilla, ya que su naturaleza no es precisamente modesta. Sin embargo, comenzar desde abajo podría fortalecer su carácter y su capacidad de superación. En cambio, retroceder después de haber avanzado puede resultarles devastador y llegar a frenar su evolución.

Incluso si se produjeran fracasos, no se recomienda hacerles comenzar de nuevo desde cero. Es más prudente preservar lo que se pueda y partir desde una base concreta y funcional, lo cual les devolverá el valor. Jamás se debe mostrar abiertamente que algo ha sido un fracaso total, ya que esto podría socavar su optimismo y la voluntad de seguir adelante.

En cambio, si logran convencerse de que lo anterior no fue tan malo, sino que simplemente necesita transformarse, retomarán el camino con confianza y renovada energía, logrando resultados que suelen sorprender por su brillantez.

Dinero

Todo lo que brilla atrae y estimula intensamente a los nativos de Leo. La riqueza y el dinero constituyen para ellos uno de los aspectos centrales de la vida.

Y como es bien sabido que cuando alguien desea algo con verdadera intensidad tiende a lograrlo, los Leo parecen estar naturalmente destinados a la prosperidad, al lujo y a la opulencia.

Simbólicamente, la riqueza se asocia al Sol dorado, y tal vez ese astro regente los haya marcado con fuego, inscribiendo en su memoria genética y cerebral el deseo profundo de abundancia.

Ahora bien, no se consideran personas superficiales ni vanidosas. Al contrario, se esfuerzan por cultivar otros valores —más elevados o espirituales—, pero su atracción por el éxito y el confort material los acompaña siempre, de forma inevitable.

En el juego y en la competición, aunque saben que no siempre se puede ganar, les resulta difícil aceptar la derrota. Y allí se esconde la clave: si bien pueden llegar a desear que otros también triunfen —movidos por un sentido de justicia o un altruismo auténtico—, esto solo ocurre cuando no rige la implacable ley del "ganar o perder". En tal caso, prefieren, naturalmente, ser ellos quienes ganen.

En general, las mayores fortunas las consiguen mediante su esfuerzo personal: a través del trabajo constante, la creatividad aplicada y una notable capacidad para gestionar negocios propios.

Sin embargo, dado que su destino tiende siempre a los extremos, no es raro que reciban también algún golpe de suerte extraordinario.

Si esto sucede, puede marcar el inicio de una fortuna duradera, incluso generacional, ya que saben encarnar el papel del rico con una naturalidad sorprendente. Y lo hacen sin riesgo de derroches, malas gestiones ni inversiones desacertadas.

Administrar la riqueza —especialmente cuando es propia— es, sin duda, una de sus habilidades más destacadas. El rol del triunfador les sienta tan bien, que lo asumen con convicción, estilo y eficacia.

El Amor

Ella

La mujer Leo posee sentimientos auténticamente nobles. Sabe amar con profundo entusiasmo y con una inteligencia emocional que la distingue. Estudia al hombre que ama y se esfuerza por satisfacerlo en todos los aspectos, sin renunciar jamás a sus principios morales.

Conoce con naturalidad las artes femeninas más refinadas, pues vive en sintonía con la naturaleza y está intensamente influida por los ciclos cósmicos y astrales. Sin embargo, no está exenta del fuego humano de los celos, que a menudo la sacude.

El hombre que elige —tras un proceso de reflexión madura y una intensa fase de conquistas emocionales— debe poseer una personalidad respetuosa, ser atento, y representar un modelo ejemplar, especialmente para los hijos.

Si en algún momento se viera obligada a traicionarlo, lo haría con extrema discreción, dispuesta incluso a defenderlo en público, pues ese es su marido y, como tal, es una elección que le pertenece y no debe ser cuestionada por otros.

Como tienden a mirar muy alto, no siempre logran alcanzar lo que más desean y, por ello, a menudo deben conformarse con lo que la vida les ofrece. Aun así, aunque no estén enamoradas del todo, lo amarán —o sabrán aparentarlo— con honesta dedicación. Es precisamente esa capacidad de entrega sin idealización la que las conduce a formar algunas de las uniones más duraderas y afortunadas.

Sin embargo, en su interior arde el fuego de Leo, alimentado por una imaginación vehemente, que genera emociones intensas. Intentarán reprimirlo bajo la ceniza de las apariencias, pero a veces, un simple soplo de novedad bastará para avivarlo y encenderlas de nuevo en el amor.

Para ellas, el amor representa un problema existencial. Cuando se entregan por completo, se ven absorbidas por sus sentimientos más profundos, aunque traten —con gran sufrimiento— de mantener al margen a quienes las rodean, sobre todo si hay hijos implicados.

La falsedad no es propia de su naturaleza, y por ello buscan, por todos los medios, mantener separadas sus vidas paralelas o resolverlas con actos sinceros y decisiones claras.

En su papel de madres y responsables del hogar, son líderes ejemplares: severas, decididas, capaces de concentrar a su alrededor toda la fuerza de la unión familiar. Saben ejercer la autoridad con amor, afecto e inteligencia incomparables, aunque sin ceder fácilmente a la confianza excesiva. Su presencia impone un respeto casi reverencial.

Su carisma es tal que, incluso cuando cometen errores —incluso si se las descubre en una infidelidad—, sus hijos suelen ponerse de su parte, acusando al padre de no haber estado a la altura. En definitiva, incluso en el fallo, conservan el protagonismo... y hasta cierta admiración.

Su evolución interior y su refinamiento exterior hacen que se conviertan, con el tiempo, en mujeres elegantes, admiradas y deseadas, incluso en la madurez.

Por eso, la vida sentimental de la mujer Leo suele ser más larga que la media. Desde muy jóvenes despiertan admiración, ya que aparentan mayor madurez de la que su edad indica, y suelen estar precozmente familiarizadas con los misterios del amor y del sexo.

En su juventud, atraen con frecuencia a admiradores tanto de su misma edad como mayores, siendo estos últimos los más atrevidos —y a menudo, también los más afortunados—, pues muchos sueñan con tener a una Leo como compañera.

En la madurez, seguirán rodeadas de admiradores, discretos o declarados: desde el carnicero del barrio hasta el jefe de oficina, del amigo del hijo al presidente del marido.

No obstante, seguirán siendo mujeres discretas, confiando sus sentimientos solo a muy pocas personas —a veces, a nadie—. Su intención es parecer siempre interesantes, pero también misteriosas, porque el enigma de los sentimientos es, para ellas, el verdadero misterio de la vida.

Él

El hombre Leo es amable, lleno de cualidades interiores... y un poco presumido. Para él, el amor es una experiencia vital, que especialmente en su juventud ocupa casi por completo su atención.

Su vanidad le lleva, con frecuencia, a invertir los papeles: prefiere ser cortejado antes que cortejar. Y lo consigue, porque suele estar rodeado de un grupo amplio de admiradoras —a menudo superficiales— cuya principal función es adularlo, mimarlo y rendirse a su carisma.

Debido a estas exigencias, sus conquistas tienden a ser más exhibicionistas que efectivas. Y si se cuentan, sus resultados concretos no superan la media, ya que muchas veces carece de resolución práctica.

Desde su posición de observador constante, examina con detalle lo que se le ofrece, y cuando finalmente se decide, lo hace con seguridad, sin dudas ni vacilaciones.

Busca mujeres hermosas y, a ser posible, no necesitadas; es decir, cuantos más atributos externos tengan, mejor. Las cualidades interiores serán él quien se encargue de descubrirlas y resaltarlas, pues suele presumir —con razón— de tener dotes de psicólogo.

En pareja, es honesto y afectuoso, aunque sin excesos. Es más exigente que altruista, y una vez concluida la conquista, suele desentenderse del cortejo: ya no dedica tantas energías a mantenerlo.

Confía a su compañera el funcionamiento cotidiano de la relación, aunque permanece vigilante, siempre preparado para opinar y criticar si las cosas no se gestionan según sus elevadas expectativas.

Interviene con frecuencia en la crianza y educación de los hijos, a quienes ama profundamente y por quienes se preocupa activamente en su formación y futuro.

Exigirá que su mujer se haga respetar —por los vecinos y por el entorno— y le parecerá que, en el trabajo, está siempre demasiado explotada y poco reconocida.

Sin embargo, quien tenga la constancia y la fortaleza para acompañar a estos exigentes personajes, cosechará prestigio y prosperidad. Las personas que viven al lado de un Leo están destinadas a progresar... incluso en el amor.

Con su buena salud y energía física, los hombres Leo son grandes amantes, y a veces verdaderos maestros del arte erótico.

Pero no son mujeriegos empedernidos: correr tras las faldas los cansa, y en realidad son algo perezosos para esos juegos.

Eso sí, la mujer que haya tenido una relación sexual con un Leo difícilmente lo olvidará. Su originalidad como amante proviene de una planificación inteligente que abarca desde la elección del lugar y el momento adecuado, hasta la atención al estado de ánimo de su pareja.

Los Leo saben cuándo actuar y, si es necesario, saben también forzar los acontecimientos... casi nunca en el momento equivocado. Incluso los preliminares forman parte de una meticulosa estrategia para asegurar una experiencia memorable.

Relaciones con los demás signos

Leo - Aries

Esta es una combinación ganadora: ambos son signos de fuego por excelencia y comparten muchos intereses.

Funciona especialmente bien si la pareja está compuesta por una mujer Leo y un hombre Aries: ella, seria, sensual y reservada, sabrá contener y encauzar a su compañero, fomentando una relación honesta, abierta y comprensiva. Aunque él seguirá mostrándose temperamental, amenazando con huidas o desplantes, ella sabrá reconducir la relación con elegancia.

También en el caso inverso —mujer Aries y hombre Leo— pueden darse puntos fuertes de entendimiento, aunque aquí será necesario construir la relación con paciencia y gran capacidad de adaptación.

En asociaciones y amistades, esta combinación puede generar vínculos leales y colaborativos, especialmente cuando existe un interés común en el trabajo.

En todo caso, ambos signos comparten un espíritu combativo que alimenta una competición creativa y constructiva.

Leo - Tauro

Se trata de una combinación favorable, aunque puede resultar algo difícil al inicio debido a diferencias de temperamento.

El elemento Fuego de Leo se canaliza positivamente sobre la Tierra de Tauro, concretando una serie de experiencias intensas y enriquecedoras.

Si el hombre es Leo y la mujer Tauro, puede surgir una relación muy sensual que compense una eventual falta de intereses comunes.

Si el hombre es Tauro y la mujer Leo —y ha sido él quien la eligió— es probable que se sienta profundamente fascinado por el carisma de ella, que lo impulsará a superarse y brillar, sobre todo en el ámbito doméstico y en la vida social.

En las asociaciones y amistades, pueden surgir tensiones debido a diferencias de visión, sobre todo en temas de inversión o política, pero si se maneja con inteligencia, la relación puede ser duradera.

Leo – Géminis

Los elementos Fuego (Leo) y Aire (Géminis) tienden a dispersarse con facilidad en múltiples direcciones, lo que puede traducirse en ideas divergentes. Sin embargo, no es raro que estas uniones estén marcadas por sentimientos intensos y una fuerte atracción sexual.

Surgen pasiones repentinas que, si bien pueden dificultar la convivencia inicial, a menudo se agotan con el tiempo y terminan sin heridas profundas. Al contrario: es frecuente que dejen tras de sí el recuerdo grato de una aventura vivida con intensidad, o de un período compartido lleno de alegría y vitalidad irrepetible.

Si el hombre es Leo y la mujer Géminis, puede desencadenarse una dinámica conflictiva marcada por celos posesivos y represalias molestas, muchas veces alimentadas por infidelidades recíprocas.

En cambio, si la mujer es Leo y el hombre Géminis, la relación puede comenzar como una amistad interesada o como un amor platónico que nunca llega a concretarse. En estos casos, los tiempos no coinciden y las oportunidades de encuentro suelen desfasarse, dificultando que la relación evolucione.

Leo – Cáncer

Fuego y Agua no son elementos naturalmente compatibles. Sin embargo, si la mujer es Cáncer, puede presentarse ante el hombre

Leo como una figura angelical, romántica y profundamente femenina. Si esta atracción inicial logra formalizarse en una relación estable o un matrimonio, el entendimiento puede ser tan duradero como afortunado.

Más compleja resulta la combinación entre un hombre Cáncer y una mujer Leo. Él hará todo lo posible por conquistarla y, durante ese impulso obstinado, la idealizará como la mujer de sus sueños.

Pero si la relación es pasajera o clandestina, los celos de él y las inseguridades de ella harán que el vínculo sea difícil de sostener. Aun así, ella tardará en abandonarlo, y cuando lo haga, sentirá la ausencia de su fantasía, entrega emocional y profundo amor. El vacío será difícil de llenar.

Leo – Leo

Aunque comparten intereses y rasgos similares, una pareja Leo-Leo vivirá en constante competencia, que puede escalar hasta la rivalidad más intensa.

No obstante, se tratará de un antagonismo constructivo, ya que ambos son lo suficientemente inteligentes como para no dañarse mutuamente.

Los problemas surgirán en el terreno sentimental: cada uno querrá ser el más deseado, el más admirado, llegando incluso a inventar conquistas con tal de conservar protagonismo.

En cambio, esta combinación puede resultar muy favorable en lo profesional y en asociaciones prácticas, donde su energía conjunta puede generar logros importantes.

En el plano de la amistad, también se puede dar una excelente combinación, basada en la honestidad, la lealtad y una colaboración alegre y exitosa.

Leo – Virgo

Cuando el hombre es Leo y la mujer es Virgo, puede nacer una unión duradera. No necesariamente será feliz en todos los aspectos, pero sí estable y tolerable.

Ella dedicará buena parte de su vida a conquistar y retener a su Leo, y él difícilmente podrá escapar de la telaraña tejida con paciencia y tenacidad por esa mujer tan decidida.

Más complicada es la relación entre una mujer Leo y un hombre Virgo. Tienen pocos intereses y características en común, pero si se forma una pareja, esta puede sostenerse en una convivencia cómoda, donde ambos evitarán molestarse mutuamente.

La relación podría enfocarse en objetivos prácticos: la construcción de un patrimonio común y una imagen social sólida serán prioridades que los unirán más que los sentimientos.

Leo – Libra

Aunque el Aire de Libra no se mezcla fácilmente con el Fuego de Leo, esta combinación se encuentra estadísticamente entre las más exitosas.

Cuando el hombre es Leo y la mujer Libra, la atracción física y sexual es inmediata. Él la cortejará con insistencia y delicadeza, y ella, después de mantenerlo en vilo por un tiempo, cederá encantada. Entonces será suya por completo y para siempre, fascinada por sus cualidades.

En el caso inverso —hombre Libra y mujer Leo— las cosas se complican. A ella le costará confiar en él lo suficiente como para entregarse. Sentirá que ya es mucho concederle una amistad profunda, y será más prudente mantener la relación en el plano profesional.

Leo – Escorpio

El Agua de Escorpio y el Fuego de Leo tienden a anularse mutuamente cuando se mezclan las emociones, la pasión y los celos.

Esta cuadratura zodiacal puede generar tanto atracción irresistible como rechazo absoluto. No es raro que una relación entre Leo y Escorpio comience con un enamoramiento arrollador y termine en una ruptura igual de intensa.

Si el hombre es Leo, puede quedar atrapado en el magnetismo oscuro de una mujer Escorpio, dueña de una sensualidad poderosa y un aura casi mágica. Él, con su orgullo, puede terminar envuelto en las aguas turbias de una relación absorbente, conducido por ella hasta los límites de la pasión... y de la destrucción.

Si ella es Leo y él Escorpio, puede lograrse una buena armonía, sobre todo en el terreno erótico.

Sin embargo, en asociaciones o amistades, la relación se vuelve más compleja, ya que los intereses prácticos son escasos y las divergencias ideológicas o políticas, muchas.

Leo – Sagitario

Esta combinación da lugar a la pareja más alegre y despreocupada del Zodiaco. Juntos son capaces de reír incluso de sus propios problemas.

Si el hombre es Leo y la mujer Sagitario, la relación puede comenzar con una profunda amistad que, poco a poco, evoluciona hacia una unión estable. Su bienestar mutuo será la base.

Ambos comparten intereses culturales, amor por el conocimiento y una actitud positiva frente al trabajo. Es posible que se encuentren en actividades altruistas o asociaciones solidarias, donde el hacer el bien al prójimo les resulte naturalmente gratificante.

Si el hombre es Sagitario y la mujer Leo, se enamorarán mutuamente de su vitalidad, su sabiduría y —sobre todo— de su optimismo compartido, que los mantendrá unidos ante cualquier circunstancia.

Leo – Capricornio

Los elementos Fuego (Leo) y Tierra (Capricornio) se complementan con relativa facilidad, dando lugar a un alto porcentaje de uniones estables, según la experiencia astrológica y las estadísticas.

Cuando él es Leo y ella Capricornio, los comienzos pueden resultar algo difíciles. Sin embargo, si desde el principio se establecen con claridad las reglas del juego, la relación puede evolucionar hacia una unión realmente afortunada y duradera. El entendimiento será especialmente sólido en lo relativo a la gestión del hogar, la educación de los hijos y la organización de la vida familiar.

Si él es Capricornio y ella Leo, todo fluye con más naturalidad cuando el interés inicial parte de ella. En ese caso, él no podrá resistirse a su magnetismo y se convertirá, casi sin darse cuenta, en un compañero devoto y leal para toda la vida.

En el plano profesional o amistoso, el mayor obstáculo suele encontrarse al comienzo, debido a una desconfianza mutua originada en sus distintas visiones del mundo y en sus convicciones morales. Superado ese primer filtro, pueden establecer vínculos estables y constructivos.

Leo – Acuario

Leo y Acuario son signos opuestos, y como tales, se atraen y se rechazan con igual intensidad. Pero lo que no hacen nunca es ignorarse.

A pesar de encontrarse en oposición en la rueda zodiacal, sienten una atracción mutua que con frecuencia desemboca en relaciones duraderas y llenas de fascinación.

Si él es Leo y ella Acuario, ella quedará profundamente enamorada de su compañero: lo cuidará con esmero y ternura, lo colmará de atenciones y lo elevará con su apoyo incondicional hasta convertirlo en un hombre admirado, realizado y seguro de sí mismo, porque así lo desea ella.

Si él es Acuario y ella Leo, será nuevamente la mujer quien se sienta atraída primero por ese hombre tranquilo, serio, confiable y magnético, que destaca en su entorno laboral y social por su eficiencia práctica y su carisma natural.

En contextos laborales, asociaciones o grupos de amistad, estos signos tienden a atraerse inevitablemente, incluso si solo se trata de una afinidad platónica. La fuerza de los opuestos que se complementan explica esta atracción tan particular.

Leo – Piscis

Esta combinación astrológica se escapa a todas las reglas preestablecidas. Cuando se produce, puede dar lugar a algunas de las uniones más felices... o más trágicas. Precisamente por su carácter excepcional.

Si él es Leo y ella Piscis, puede surgir en él una atracción hacia su delicadeza, su feminidad y su aparente fragilidad. Como buen Leo, altruista y protector, se sentirá impulsado a asumir el papel de caballero, defensor y guía. Sin saber muy bien cómo, terminará siendo su esposo. Ella, por su parte, perpetuará su rol de mujer vulnerable, necesitada de apoyo, mientras él se afirma como su protector y sostén. Y en esa dinámica, ambos encontrarán la pieza que les complementa.

En cambio, si él es Piscis y ella Leo, la relación puede carecer de una base emocional sólida desde el inicio. Aun así, no faltarán momentos de entusiasmo y pasión, que con el tiempo dejarán paso a una convivencia más tranquila y anodina, sin grandes sobresaltos... pero también sin grandes emociones.

Conquistas y abandonos

Cómo conquistar a un Leo

Para atraer a un nativo de Leo, lo primero es cuidar la estética: la belleza, la elegancia y una imagen personal bien trabajada son fundamentales. Un maquillaje impecable, accesorios originales y un estilo propio actúan como un verdadero imán para este signo, siempre sensible a lo visual y lo sofisticado.

Sin embargo, llamar su atención es apenas el primer paso. No basta con gustarles: hay que desafiarlos y, a la vez, halagarlos. Contrario a lo que podría pensarse, los Leo suelen esperar que sea la mujer quien tome la iniciativa en el juego de la seducción. No se escandalizarán si ella da el primer paso, e incluso pueden sentirse halagados. De hecho, ese atrevimiento puede acortar considerablemente el camino hacia una conquista exitosa.

En cuestiones de seducción, los Leo tienden a mostrarse indolentes y algo distraídos. Prefieren exhibirse, dejarse admirar y atraer miradas antes que tomar la iniciativa. Rara vez pasan a la acción de manera directa; necesitan sentirse deseados antes de actuar.

Una estrategia eficaz puede ser dejarse notar, insinuar de forma sutil —incluso con las más hábiles y ambiguas artes femeninas— cierta disponibilidad... para luego retirarse. Esta retirada repentina funciona como una chispa: los Leo detestan sentirse ignorados, especialmente si aún no han alcanzado su objetivo.

Ante ese giro inesperado, reaccionarán con toda su impetuosidad: se lanzarán de lleno al galanteo, incluso con una energía desbordada e incontrolada. Su orgullo herido puede transformarlos en tenaces y persistentes conquistadores, dispuestos a vencer cualquier obstáculo para alcanzar a quien los ha desafiado.

Si la operación tiene éxito, no solo se logrará una conquista, sino que se sentarán las bases para una relación duradera. Dejarán siempre encendida una chispa de celos y una atención especial hacia esa persona: dos elementos claves para romper su proverbial indiferencia emocional.

Eso sí: antes de dar el primer paso, conviene observar cuidadosamente su disposición y asegurarse de que no haya otros pretendientes en juego. Los Leo suelen estar rodeados de admiradores y, si perciben que el acercamiento es forzado o responde a intereses falsos, el intento puede fracasar de forma fulminante.

Cómo hacer que un Leo lo deje

Si una mujer desea deshacerse de un hombre Leo, el método más efectivo es ignorarlo. Basta con no prestarle atención, ni responder a sus gestos teatrales ni a sus demostraciones de orgullo.

La indiferencia lo desarma por completo. Es, de hecho, el único sistema que consigue sacarlo definitivamente de escena. Privarlo de su público y de la admiración que tanto necesita equivale a retirarle el oxígeno.

Cómo conquistar a una Leo

Conquistar a una mujer Leo no es tarea sencilla: requiere desplegar todas las cualidades masculinas posibles... y, en muchos casos, ni siquiera eso basta.

El primer paso consiste en un galanteo elegante y sutil, revestido de modales nobles y detalles señoriales. También puede bastar una presencia destacada dentro del grupo, un comportamiento respetuoso, cumplidos discretos sobre su estilo, y halagos sinceros a su aspecto. Todo ello servirá —como mínimo— para acercarse.

Las mujeres Leo son extremadamente recelosas. Mantienen a raya —incluso con cierta brusquedad— a quienes no se ajustan a sus criterios o no encajan en sus planes vitales.

En ocasiones especiales, como cumpleaños o celebraciones, no rechazan detalles bien escogidos, un regalo delicado o una llamada oportuna.

A menudo se sienten atraídas por los más teatrales, pero también por los más constantes. La tenacidad, combinada con refinamiento, suele abrir la puerta a su corazón.

Sin embargo, incluso cuando parezca que ha sido conquistada, el riesgo de perderla seguirá presente. La mujer Leo necesita sentirse cortejada de forma constante.

Su orgullo impone una serie de exigencias que, en ocasiones, la llevan a situaciones complicadas al momento de elegir pareja. Según la experiencia astrológica, no siempre aciertan, y ello se debe en parte a que sus expectativas son muy altas.

Exigen mucho de su compañero, y no siempre es fácil encontrar tal abundancia de virtudes en una sola persona. Además, tienden a que la razón prevalezca sobre el corazón, lo que las conduce, en ocasiones, a decisiones poco afortunadas.

Cómo hacer que una Leo lo deje

Si un hombre desea terminar su relación con una mujer Leo, debe hacerlo con delicadeza, explicándole con honestidad los motivos. Ella sabrá entenderlo y, aunque le duela, le agradecerá siempre la sinceridad demostrada.

Por el contrario, si la ruptura se maneja con actitudes ofensivas, desconsideradas o con excusas infantiles, puede despertar su orgullo herido… y la reacción puede ser tan contundente como inolvidable. En estos casos, la mujer Leo no solo se siente dolida: puede vengarse de forma directa, inesperada y brutal.

La salud de Leo

El signo de Leo rige el corazón, la columna vertebral y el sistema circulatorio. Por ello, su salud está estrechamente relacionada con el equilibrio entre la energía vital, la tensión emocional y la capacidad de gestionar sus impulsos. Cuando Leo está bien consigo mismo —cuando se siente valorado, amado y en armonía con su entorno— su vitalidad es asombrosa. Pero si atraviesa periodos de frustración, orgullo herido o tensiones emocionales profundas, su cuerpo puede resentirse.

El corazón es, simbólicamente, el centro de su ser, tanto en lo físico como en lo emocional. Un Leo que reprime sus emociones, que no se siente escuchado o que carga con demasiada responsabilidad puede desarrollar afecciones cardiacas o circulatorias. También es propenso a contracturas musculares, dolores cervicales o molestias en la espalda, sobre todo si sufre estrés crónico o se exige más allá de sus límites.

A menudo, Leo tiende a sobrevalorarse físicamente. Cree que puede con todo, y por ello se olvida de descansar, de delegar, o incluso de escuchar los mensajes de su propio cuerpo. Tiene un umbral alto de resistencia, pero cuando finalmente cae enfermo, puede hacerlo de forma brusca y dramática. A veces, más que por una enfermedad concreta, sufre por agotamiento acumulado o por un exceso de tensión emocional mal gestionada.

Para mantenerse saludable, Leo necesita encontrar momentos de calma, evitar los excesos, y cultivar el arte de la pausa. Actividades como el yoga, la natación, la caminata al aire libre o incluso el arte en cualquiera de sus formas le resultan profundamente terapéuticas. Le ayudan a soltar el control, a respirar y a reconectar con su centro interior.

Su alimentación también merece atención. Aunque suele tener buen apetito y tendencia a disfrutar de los placeres de la mesa, debe evitar comidas demasiado pesadas, grasas o saladas, que sobrecargan el sistema circulatorio. Una dieta rica en vegetales frescos, cereales integrales, frutas y aceites de calidad es ideal para preservar su vitalidad.

El equilibrio emocional es clave para su salud. Leo necesita expresarse, sentirse útil, amado, escuchado. Cuando se reprime, se amarga o se siente invisible, su luz interior se apaga y su cuerpo lo refleja. Por eso, rodearse de personas sinceras, practicar el autocuidado, y darse el permiso de no ser perfecto son actos esenciales de salud para él.

Cuando Leo aprende a cuidar de sí mismo con amor —sin exigencias desmedidas ni dependencia del aplauso externo— logra mantener una salud fuerte, un corazón sereno y una energía que inspira y sostiene también a los demás.

Personajes famosos del signo Leo

No sorprende que entre los nacidos bajo el signo de Leo encontremos grandes líderes, artistas carismáticos, figuras públicas que han dejado huella por su magnetismo, su talento y su capacidad de inspirar a los demás. Leo nace con una vocación de protagonismo que, bien canalizada, lo convierte en un referente en su campo.

Estos son algunos ejemplos de personalidades leoninas que han marcado la historia, el arte, la ciencia o la cultura:

- **Napoleón Bonaparte** (15 de agosto de 1769) – Una de las figuras más emblemáticas de la historia europea, conocido tanto por su genio militar como por su carácter imperial, ejemplifica la ambición, la voluntad de poder y el aura personal típicos de Leo.
- **Jacqueline Kennedy Onassis** (28 de julio de 1929) – Ícono de elegancia y fortaleza interior, su presencia iluminó la escena pública con dignidad y magnetismo, aún en momentos de gran adversidad.
- **Mick Jagger** (26 de julio de 1943) – El eterno líder de los Rolling Stones encarna la energía escénica, la creatividad desbordante y el estilo inconfundible de Leo.
- **Madonna** (16 de agosto de 1958) – Artista pionera, valiente y siempre en el centro del escenario, ha sabido reinventarse con audacia, dejando una marca imborrable en la cultura pop.
- **Alfred Hitchcock** (13 de agosto de 1899) – Maestro del suspense y director visionario, su genio creativo y su fuerte personalidad son ejemplo del poder creativo leonino.

- **Antonio Banderas** (10 de agosto de 1960) – Actor internacional, carismático y versátil, combina elegancia, pasión y fuerza expresiva, características propias del signo.
- **J. K. Rowling** (31 de julio de 1965) – Escritora de imaginación poderosa y voluntad firme, ha conquistado millones de lectores en todo el mundo con la saga de *Harry Potter*, desde una visión profundamente creativa.
- **Barack Obama** (4 de agosto de 1961) – Con una elocuencia cálida y una fuerte presencia pública, su liderazgo combina la nobleza de intención con el brillo de la palabra.

Estos ejemplos ilustran bien la amplitud de talentos leoninos. Ya sea en la política, la música, la literatura, el cine o la moda, Leo deja una huella luminosa y apasionada. Lo que une a estas personalidades no es solo el éxito, sino la capacidad de inspirar, de afirmarse con autenticidad y de liderar con visión.

En cada Leo vive un creador, un protector, un rey o una reina simbólica. Cuando este signo se conecta con su luz interior y aprende a guiar con el corazón —no con el ego— puede alcanzar niveles de realización verdaderamente notables, y transformar la vida de quienes lo rodean.

Segunda parte

LA FICHA ASTROLÓGICA PERSONAL

por *Chiara Bertrand*

Cómo construirse una ficha astrológica personal

Introducción a la carta natal

Tras haber explorado en profundidad las características del signo zodiacal de Leo, pasamos ahora a ofrecer todas las indicaciones necesarias para construir el horóscopo personal.
Esta sección incluye también información general sobre astrología y el zodiaco, fundamental para comprender mejor el contexto astral en el que cada individuo se inscribe.
Con estos elementos, el lector podrá completar su ficha personal en la página siguiente y elaborar su gráfico del tema natal según las instrucciones de la página 49.

Ficha astrológica personal de ....
a rellenar a medida que se obtienen los datos según las instrucciones de las páginas siguientes.

Fecha de nacimiento .... Hora de nacimiento ....
Lugar de nacimiento .... Hora oficial estival: sí .... no ......
Hora de Greenwich .... Tiempo sideral del nacimiento ....

Ascendente	: ....° .....’	en.............	Casa VII	: ....°	en...........
Casa 2	: ....°	en.............	Casa 8	: ....°	en...........
Casa 3	: ....°	en.............	Casa 9	: ....°	en...........
Casa IV	: ....°	en.............	Medio Cielo	: ....°	en...........
Casa 5	: ....°	en.............	Casa 11	: ....°	en...........
Casa 6	: ....°	en.............	Casa 12	: ....°	en...........

Sol	: ......° ......’ ......”	en..................	Casa................................
Luna	: ......° ......’ ......”	en..................	Casa................................
Mercurio	: ......° ......’ ......”	en..................	Casa................................
Venus	: ......° ......’ ......”	en..................	Casa................................
Marte	: ......° ......’ ......”	en..................	Casa................................
Júpiter	: ......° ......’ ......”	en..................	Casa................................
Saturno	: ......° ......’ ......”	en..................	Casa................................
Urano	: ......° ......’ ......”	en..................	Casa................................
Neptuno	: ......° ......’ ......”	en..................	Casa................................
Plutón	: ......° ......’ ......”	en..................	Casa..............................

GRÁFICO PARA LA REDACCIÓN DEL TEMA NATAL PERSONAL

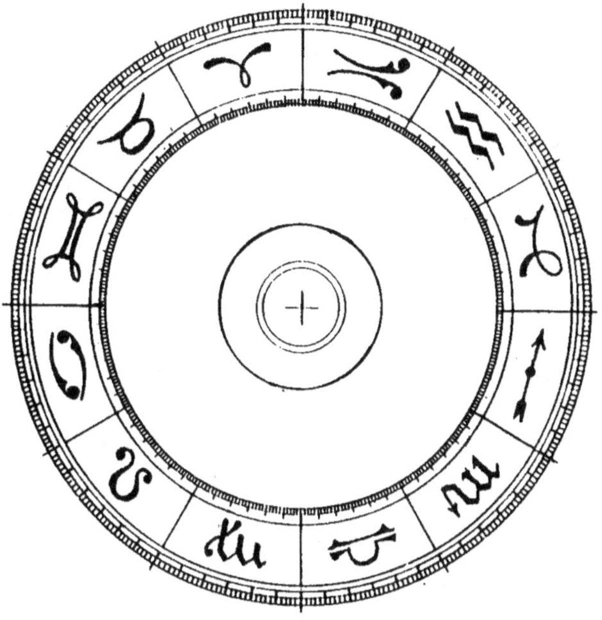

La astrología y el zodiaco

La astrología, nacida en tiempos remotos, tuvo su origen en la observación atenta de la bóveda celeste, del movimiento de los astros y de los fenómenos naturales que estos parecían acompañar. La percepción de una armonía profunda entre el cielo y la tierra llevó a los antiguos sabios a creer que los cuerpos celestes influían en los acontecimientos humanos. Así nació el arte de interpretar los auspicios de las estrellas y los planetas.

Para observar y registrar estos movimientos, los antiguos idearon un sistema fijo de referencia centrado en la Tierra. En el corazón de este sistema se encuentra el zodiaco: una banda celeste que rodea el planeta siguiendo una circunferencia de 360°, paralela al ecuador celeste.

Este zodiaco se divide en 12 sectores de 30° cada uno, denominados signos, que reciben el nombre de las constelaciones identificadas por nuestros antepasados. Es importante destacar que la correspondencia entre signo zodiacal y constelación es simbólica: las figuras celestes no coinciden exactamente con los sectores de 30° asignados a cada signo.

El punto inicial de esta circunferencia zodiacal —conocido como punto vernal— corresponde al 21 de marzo, fecha del equinoccio de primavera en el hemisferio norte. En ese momento comienza el año zodiacal con Aries, el primero de los doce signos.

La pertenencia a un determinado signo del zodiaco se establece según la posición aparente del Sol en el momento del nacimiento, a lo largo de esta banda celeste. Como el Sol recorre aproximadamente 1° por día, atraviesa un signo completo (30°) en el transcurso de un mes.

Este recorrido solar marca el ritmo de las estaciones, que a su vez regulan los procesos vitales en la Tierra. Por eso, la correspondencia de cada signo con una fase estacional determinada resulta clave para comprender la secuencia zodiacal y el valor simbólico de cada signo.

Saber a qué signo solar se pertenece solo requiere conocer el día de nacimiento. Sin embargo, las fechas de entrada y salida del Sol en cada signo pueden variar ligeramente de un año a otro, ya que a los 360° del zodiaco deben corresponderse 365 días del calendario civil. Por ello, en este volumen se incluye una tabla con las fechas exactas del ingreso solar en el signo de Leo para cada año.

La simbología de los signos zodiacales constituye la base del pensamiento astrológico, proporcionando un mapa tanto para la lectura del cosmos como del alma humana. Cada signo configura un "escenario" expresivo para los planetas que lo transitan, y sus características matizan la energía de dichos planetas.

El signo solar describe las cualidades fundamentales de la personalidad, pero para obtener una visión completa del carácter y el destino de una persona, es indispensable localizar también la posición de los otros nueve planetas que se mueven por la banda zodiacal: la Luna, Mercurio, Venus, Marte, Júpiter, Saturno, Urano, Neptuno y Plutón.

Las llamadas **efemérides** proporcionan la posición exacta del Sol y de cada planeta para todos los días del año, expresada en grados dentro del zodiaco. Según su distancia del Sol, cada planeta recorre la rueda zodiacal con mayor o menor velocidad:

- Mercurio, por ejemplo, tarda cerca de un año en completar su órbita,
- Júpiter unos doce años,
- y Plutón aproximadamente 250 años.

Para completar el tema natal, también es necesario determinar la posición de las **12 Casas astrológicas**, que veremos en detalle en el próximo capítulo.

La labor del astrólogo, una vez confeccionada la carta del cielo natal, consiste en analizar todos sus elementos —planetas, signos, casas, aspectos— no como unidades aisladas, sino en sus múltiples interacciones. Se trata de un trabajo complejo y minucioso que, sin embargo, puede ofrecer revelaciones sorprendentes sobre la esencia y el destino de una persona.

El ascendente y las 12 Casas

Para construir adecuadamente una carta natal, es necesario realizar la **domificación**, es decir, determinar la posición de las **12 Casas astrológicas**, que subdividen el esquema del horóscopo en sectores específicos. Cada una de estas Casas representa un campo concreto de experiencia dentro de la existencia humana: desde la personalidad, el entorno familiar, el trabajo, hasta la vida amorosa, la vocación o la espiritualidad.

El **Ascendente** delimita la **Primera Casa** y constituye uno de los factores más importantes del horóscopo. Corresponde al signo zodiacal que se levantaba por el horizonte oriental en el momento exacto del nacimiento. Su posición varía según la hora y el lugar en que se nace. Por ello, sin conocer estos datos, no es posible elaborar un horóscopo preciso ni distribuir correctamente los planetas en las distintas Casas.

Esta distribución es esencial para interpretar de forma adecuada cómo se manifiestan en la vida real las energías representadas por los planetas según el signo en que se encuentren.

Para calcular las Casas astrológicas, es necesario conocer el **tiempo sideral de nacimiento** (como explicaremos en el próximo capítulo), y luego consultar las **tablas de Casas** que indican su posición exacta para ese momento y lugar.

Sin embargo, si lo que se desea es simplemente conocer el signo del Ascendente, existe un procedimiento más sencillo que permite, incluso a quienes no tienen conocimientos técnicos de astrología, identificar este importante punto astral.

El Ascendente puede definirse como el punto de partida del desarrollo individual. Describe al individuo en sus rasgos más visibles: el comportamiento, las reacciones instintivas, la forma de enfrentarse al entorno, las tendencias naturales y, en muchos casos, incluso la apariencia física.

No es raro que una persona se identifique más con las características de su Ascendente que con las de su signo solar. De hecho, muchas veces es a través del Ascendente que los demás nos perciben, y es también la imagen consciente que proyectamos hacia el exterior.

Desde el punto de vista físico, el Ascendente ofrece datos valiosos sobre la constitución del individuo y su salud, indicando qué órganos o zonas del cuerpo pueden ser más sensibles o propensas a alteraciones, así como los estímulos ante los cuales se reacciona con mayor rapidez.

La presencia de planetas en **conjunción con el Ascendente** intensifica la personalidad, acentuando ciertos rasgos característicos:

- Venus, por ejemplo, potencia el encanto y la amabilidad;
- Marte, en cambio, refuerza la agresividad, la iniciativa y el espíritu competitivo.

Cuando la **Primera Casa** está «ocupada» por varios planetas, la personalidad gana en fuerza, independencia y capacidad de afirmación. Existe una tendencia a imponerse sobre el entorno y a marcar el propio estilo con determinación.

La **combinación entre signo solar y Ascendente** es un factor clave en la interpretación del carácter. Por ello, en la tercera parte de este volumen, se incluye un capítulo especial dedicado a analizar todas las combinaciones posibles con el signo de Leo.

Cálculo del Ascendente

Para calcular con precisión el Ascendente, se necesitan tres datos fundamentales:

- la **fecha**,
- el **lugar**,
- y la **hora exacta de nacimiento**.

En caso de no conocer la hora exacta, es posible solicitarla en el registro civil mediante la **partida de nacimiento**. Se acepta, como margen razonable, una aproximación de **15 a 20 minutos**.

El procedimiento de cálculo es bastante sencillo y, con algunos pasos básicos, se puede obtener la posición del Ascendente con un buen nivel de exactitud.

Veámoslo con un ejemplo concreto:

✦ Ejemplo

Nacimiento en Burgos, el 15 de junio de 1970 a las 17:30 (hora oficial).

Paso 1: Ajuste horario

Lo primero que debemos hacer es consultar la tabla de la pág. 55 para verificar si en esa fecha estaba vigente alguna alteración horaria respecto a la **hora de Greenwich (GMT)** —el meridiano de referencia también para España.

En nuestro ejemplo, se aplicaba una diferencia de **una hora** (horario de verano). Por lo tanto, debemos **restar una hora** a la hora oficial de nacimiento:

17:30 – 1h = 16:30 (hora corregida).

Nota:
- Si no hay horario de verano, no se resta nada.
- Si hay una diferencia de dos horas, se restan dos.

Paso 2: Sumar la hora sideral del día

A continuación, consultamos la **tabla de la pág. 57** para obtener la **hora sideral correspondiente al 15 de junio de 1970**, que en este caso es:

17 h 31 min

Sumamos esa cifra a la hora corregida:

16 h 30 min + 17 h 31 min = 33 h 61 min

Como estamos trabajando con un sistema sexagesimal (es decir, horas de 60 minutos), debemos convertir el exceso de minutos en una hora adicional:

33 h 61 min → 34 h 01 min

Paso 3: Aplicar la corrección por longitud geográfica

Ahora es necesario ajustar el tiempo sideral según la **longitud del lugar de nacimiento**. La tabla de la pág. 58 nos da este dato convertido en tiempo.

Para **Burgos**, debemos **restar 0 h 14 min 49 s**. Podemos omitir los segundos para facilitar el cálculo, ya que su impacto es mínimo.

Para poder restar correctamente, transformamos 34 h 01 min en:

33 h 61 min

Ahora restamos:

33 h 61 min – 0 h 14 min = 33 h 47 min

Paso 4: Ajustar a un formato de 24 horas

Como el tiempo sideral no puede exceder las 24 h, debemos restar un día (24 h) del resultado:

33 h 47 min – 24 h = 9 h 47 min

Este es el **tiempo sideral de nacimiento**.

Paso 5: Consultar la tabla de Ascendentes

Por último, consultamos la **tabla de la pág. 54** para ver qué signo ascendía en el horizonte en Burgos a las **9 h 47 min de tiempo sideral**.

En este ejemplo, el **Ascendente se encuentra en el signo de Escorpio**.

Esquema resumen del procedimiento

1. Restar la corrección horaria oficial (ver tabla pág. 55).
2. Sumar la hora sideral del día de nacimiento (ver tabla pág. 57).
3. Corregir los minutos (60 min = 1 hora).
4. Aplicar la corrección por longitud (ver tabla pág. 58).
5. Restar 24 h si el total supera un día.
6. Consultar la tabla de la pág. 54 para identificar el signo Ascendente.

....	–	HORA DE NACIMIENTO	–	
1.00	=	1 HORA DE HUSO	=	(en caso necesario hay que restar 2 horas)
....	+	HORA DE GREENWICH	+	
....	=	HORA SIDERAL (tabla de la pág. 57)	=	
....	+	RESULTADO	+	
....	=	LONGITUD EN TIEMPO (tabla de la pág. 58)	=	
....		TIEMPO SIDERAL DE NACIMIENTO		

TIEMPO SIDERAL DE NACIMIENTO = ...

ASCENDENTE (tabla en esta página) = ...

N.B. Al hacer los cálculos, hay que recordar siempre que se debe verificar que los minutos no superen los 60 y las horas no superen las 24 y realizar las oportunas correcciones como muestra el ejemplo. También se pueden efectuar las correcciones al final del cálculo todas juntas.

BUSQUE AQUÍ SU ASCENDENTE

de 0.35' a 3.17' .... ascendente en Leo
de 3.18' a 6.00' .... ascendente en Virgo
de 6.01' a 8.43' .... ascendente en Libra
de 8.44' a 11.25' .... ascendente en Escorpio
de 11.26' a 13.53' .... ascendente en Sagitario
de 13.54' a 15,43' .... ascendente en Capricornio
de 15.44' a 17.00' .... ascendente en Acuario
de 17.01' a 18.00' .... ascendente en Piscis
de 18.01' a 18.59' .... ascendente en Aries
de 19.00' a 20.17' .... ascendente en Tauro
de 20.18' a 22.08' .... ascendente en Géminis
de 22.09' a 0.34' .... ascendente en Cáncer

TABLA DE LA HORA OFICIAL EN ESPAÑA						
Desde el 1. de enero de 1901, en España rige la hora del Meridiano de Greenwich (0 00'). El 15 de abril de 1918, se introduce por primera vez la llamada *hora de verano*. Hasta esa fecha no se produce ningún cambio en la hora legal.						
Año	***Fecha***	***Hora***	***Modificación***	***Fecha***	***Hora***	***Modificación***
1918	15 abril	23.00	adelanto 1 hora	6 octubre	24.00	restablecimiento hora normal
1919	6 abril	23.00	adelanto 1 hora	6 octubre	24.00	restablecimiento hora normal
1920 a 1923, rige la hora legal sin ningún cambio						
1924	16 abril	23.00	adelanto 1 hora	4 octubre	24.00	restablecimiento hora normal
1925	rige la hora legal sin ningún cambio					
1926	17 abril	23.00	adelanto 1 hora	2 octubre	24.00	restablecimiento hora normal
1927	9 abril	23.00	adelanto 1 hora	1 octubre	24.00	restablecimiento hora normal
1928	14 abril	23.00	adelanto 1 hora	6 octubre	24.00	restablecimiento hora normal
1929	20 abril	23.00	adelanto 1 hora	6 octubre	24.00	restablecimiento hora normal
1930 a 1936, rige la hora legal sin ningún cambio						
1937	16 junio	23.00	adelanto 1 hora	6 octubre	24.00	restablec. hora normal (Z. R.)
1937	22 mayo	23.00	adelanto 1 hora	2 octubre	24.00	restablec. hora normal (Z. N.)
1938	2 abril 30 abril	23.00 23.00	adelanto otra hora	2 octubre	24.00	se suprime 1 hora. Queda otra de adelanto (Z. R.)
1938	26 marzo	23.00	adelanto 1 hora	1 octubre	24.00	restablec. hora normal (Z. N.)
1939	hasta el 1 de abril en que se restablece el horario normal, rige 1 hora de adelanto (Z. R.)					
1939	15 abril	23.00	adelanto 1 hora	7 octubre	24.00	restablec. hora normal (Z. N.)
1940	16 marzo	23.00	se adelanta permanentemente, hasta hoy, 1 hora			
1942	2 mayo	23.00	adelanto 1 hora (total 2)	1 sept.	24.00	se suprime 1 h. Queda 1 h de adelanto
1943	17 abril	23.00	adelanto 1 hora (total 2)	2 octubre	24.00	se suprime 1 h. Queda 1 h de adelanto
1944	15 abril	23.00	adelanto 1 hora (total 2)	1 octubre	24.00	se suprime 1 h. Queda 1 h de adelanto
1945	14 abril	23.00	adelanto 1 hora (total 2)	30 sept.	24.00	se suprime 1 h. Queda otra de adelanto
1946	13 abril	23.00	adelanto 1 hora (total 2)	28 sept.	24.00	se suprime 1 h. Queda otra de adelanto
1949	30 abril	23.00	adelanto 1 hora (total 2)	2 octubre	24.00	se suprime 1 h. Queda 1 h de adelanto (hasta 1974)
1974	13 abril	23.00	adelanto 1 hora (total 2)	6 octubre	1.00	se suprime 1 h. Queda 1 h de adelanto
1975	12 abril	23.00	adelanto 1 hora (total 2)	4 octubre	24.00	se suprime 1 h. Queda 1 h de adelanto
1976	27 marzo	23.00	adelanto 1 hora (total 2)	25 sept.	24.00	se suprime 1 h. Queda 1 h de adelanto

. R., zona republicana. Z. N., zona nacional.

1977	2 abril	23.00	adelanto 1 hora (total 2)	24 sept.	24.00	se suprime 1 h. Queda 1 h de adelanto
1978	2 abril	23.00	adelanto 1 hora (total 2)	1 octubre	3.00	se suprime 1 h. Queda 1 h de adelanto
1979	1 abril	2.00	adelanto 1 hora (total 2)	30 sept.	3.00	se suprime 1 h. Queda 1 h de adelanto
1980	6 abril	2.00	adelanto 1 hora (total 2)	28 sept.	3.00	se suprime 1 h. Queda 1 h de adelanto
1981	29 marzo	2.00	adelanto 1 hora (total 2)	27 sept.	3.00	se suprime 1 h. Queda 1 h de adelanto
1982	28 marzo	2.00	adelanto 1 hora (total 2)	26 sept.	3.00	se suprime 1 h. Queda 1 h de adelanto
1983	27 marzo	2.00	adelanto 1 hora (total 2)	25 sept.	3.00	se suprime 1 h. Queda 1 h de adelanto
1984	24 marzo	2.00	adelanto 1 hora (total 2)	30 sept.	3.00	se suprime 1 h. Queda 1 h de adelanto
1985	31 marzo	2.00	adelanto 1 hora (total 2)	29 sept.	3.00	se suprime 1 h. Queda 1 h de adelanto
1986	23 marzo	3.00	adelanto 1 hora (total 2)	28 sept.	3.00	se suprime 1 h. Queda 1 h de adelanto
1987	22 marzo	3.00	adelanto 1 hora (total 2)	27 sept.	3.00	se suprime 1 h. Queda 1 h de adelanto
1988	19 marzo	3.00	adelanto 1 hora (total 2)	24 sept.	3.00	se suprime 1 h. Queda 1 h de adelanto
1989	19 marzo	3.00	adelanto 1 hora (total 2)	23 sept.	3.00	se suprime 1 h. Queda 1 h de adelanto
1990	17 marzo	3.00	adelanto 1 hora (total 2)	23 sept.	3.00	se suprime 1 h. Queda 1 h de adelanto
1991	17 marzo	3.00	adelanto 1 hora (total 2)	27 sept.	3.00	se suprime 1 h. Queda 1 h de adelanto
1992	14 marzo	3.00	adelanto 1 hora (total 2)	27 sept.	3.00	se suprime 1 h. Queda 1 h de adelanto
1993	20 marzo	3.00	adelanto 1 hora (total 2)	26 sept.	3.00	se suprime 1 h. Queda 1 h de adelanto
1994	20 marzo	3.00	adelanto 1 hora (total 2)	25 sept.	3.00	se suprime 1 h. Queda 1 h de adelanto
1995	26 marzo	3.00	adelanto 1 hora (total 2)	24 sept.	3.00	se suprime 1 h. Queda 1 h de adelanto
1996	24 marzo	3.00	adelanto 1 hora (total 2)	22 sept.	3.00	se suprime 1 h. Queda 1 h de adelanto
1997	23 marzo	3.00	adelanto 1 hora (total 2)	28 sept.	3.00	se suprime 1 h. Queda 1 h de adelanto
1998	22 marzo	3.00	adelanto 1 hora (total 2)	27 sept.	3.00	se suprime 1 h. Queda 1 h de adelanto
1999	21 marzo	3.00	adelanto 1 hora (total 2)	26 sept.	3.00	se suprime 1 h. Queda 1 h de adelanto
2000	25 marzo	2.00	adelanto 1 hora (total 2)	24 sept.	3.00	se suprime 1 h. Queda 1 h de adelanto
2001	25 marzo	2.00	adelanto 1 hora (total 2)	23 sept.	3.00	se suprime 1 h. Queda 1 h de adelanto
2002	31 marzo	2.00	adelanto 1 hora (total 2)	27 oct.	3.00	se suprime 1 h. Queda 1 h de adelanto
2003	30 marzo	2.00	adelanto 1 hora (total 2)	26 oct.	3.00	se suprime 1 h. Queda 1 h de adelanto
2004	28 marzo	2.00	adelanto 1 hora (total 2)	31 oct.	3.00	se suprime 1 h. Queda 1 h de adelanto
2005	27 marzo	2.00	adelanto 1 hora (total 2)	30 oct.	3.00	se suprime 1 h. Queda 1 h de adelanto
2006	26 marzo	2.00	adelanto 1 hora (total 2)	29 oct.	3.00	se suprime 1 h. Queda 1 h de adelanto
2007	26 marzo	2.00	adelanto 1 hora (total 2)	28 oct.	3.00	se suprime 1 h. Queda 1 h de adelanto
2008	30 marzo	2.00	adelanto 1 hora (total 2)	25 oct.	3.00	se suprime 1 h. Queda 1 h de adelanto

En las islas Canarias, desde el 1 de marzo de 1922, a las 00.00 horas, rige el horario del Meridiano 15 Oeste

TABLA PARA LA BÚSQUEDA DE LA HORA SIDERAL												
Día	**En.**	**Feb.**	**Mar.**	**Abr.**	**May.**	**Jun.**	**Jul.**	**Ag.**	**Sept.**	**Oct.**	**Nov.**	**Dic.**
1	6.36	8.38	10.33	12.36	14.33	16.36	18.34	20.37	22.39	0.37	2.39	4.38
2	6.40	8.42	10.37	12.40	14.37	16.40	18.38	20.41	22.43	0.41	2.43	4.42
3	6.44	8.46	10.40	12.44	14.41	16.43	18.42	20.45	22.47	0.45	2.47	4.46
4	6.48	8.50	10.44	12.48	14.45	16.47	18.46	20.49	22.51	049	2.51	4.50
5	6.52	8.54	10.48	12.52	14.49	16.51	18.50	20.53	22.55	0.53	2.55	4.54
6	6.56	8.58	10.52	12.55	14.53	16.55	18.54	20.57	22.59	0.57	2.59	4.57
7	7.00	9.02	10.56	12.58	14.57	16.59	18.58	21.00	23.03	1.01	3.03	5.01
8	7.04	9.06	11.00	13.02	15.01	17.03	19.02	21.04	23.07	1.05	3.07	5.05
9	7.08	9.10	11.04	13.06	15.05	17.07	19.06	21.08	23.11	1.09	3.11	5.09
10	7.12	9.14	11.08	13.10	15.09	17.11	19.10	21.12	23.14	1.13	3.15	5.13
11	7.15	9.18	11.12	13.15	15.13	17.15	19.14	21.16	23.18	1.17	3.19	5.17
12	7.19	9.22	11.16	13.18	15.17	17.19	19.18	21.20	23.22	1.21	3.23	5.21
13	7.23	9.26	11.20	13.22	15.21	17.23	19.22	21.24	23.26	1.25	3.27	5.25
14	7.27	9.30	11.24	13.26	15.24	17.27	19.26	21.28	23.30	1.29	3.31	5.29
15	7.31	9.33	11.28	13.30	15.28	17.31	19.30	21.32	23.34	1.32	3.35	5.33
16	7.35	9.37	11.32	13.34	15.32	17.34	19.34	21.36	23.38	1.36	3.39	5.37
17	7.39	9.41	11.36	13.38	15.36	17.38	19.38	21.40	23.42	1.40	3.43	5.41
18	7.43	9.45	11.40	13.42	15.40	17.42	19.42	21.44	23.46	1.44	3.47	5.45
19	7.47	9.49	11.44	13.46	15.44	17.46	19.46	21.48	23.50	1.48	3.50	5.49
20	7.51	9.53	11.48	13.50	15.48	17.50	19.49	21.52	23.54	1.52	3.54	5.53
21	7.55	9.57	11.52	13.54	15.52	17.54	19.53	21.56	23.58	1.56	3.58	5.57
22	7.59	10.01	11.55	13.58	15.56	17.58	19.57	22.00	0.02	2.00	4.02	6.01
23	8.03	10.05	11.58	14.02	16.00	18.02	20.02	22.04	0.06	2.04	4.06	6.05
24	8.07	10.09	12.02	14.06	16.04	18.06	20.06	22.08	0.10	2.06	4.10	6.09
25	8.11	10.13	12.06	14.10	16.08	18.10	20.10	22.12	0.14	2.12	4.14	6.13
26	8.15	10.17	12.10	14.14	16.12	18.14	20.14	22.16	0.18	2.16	4.18	6.17
27	8.19	10.21	12.14	14.18	16.16	18.18	20.18	22.20	0.23	2.20	4.22	6.21
28	8.23	10.25	12.18	14.22	16.20	18.22	20.22	22.24	0.26	2.24	4.26	6.24
29	8.26	10.29	12.22	14.26	16.24	18.26	20.26	22.27	0.30	2.28	4.30	6.28
30	8.30		12.26	14.29	16.28	18.30	20.30	22.31	0.34	2.32	4.34	6.32
31	8.34		12.30		16.32		20.33	22.35		2.36		6.36

TABLA DE COORDENADAS DE LAS PRINCIPALES CIUDADES DE ESPAÑA					
Ciudad	***Latitud***	***Longitud***	***Ciudad***	***Latitud***	***Longitud***
ALBACETE	39° 00'	– 7' 25"	LINARES	38° 06'	– 14' 32"
ALCUDIA	39° 52'	+ 11' 36"	LOGROÑO	42° 28'	– 9' 47"
ALGECIRAS	36° 09'	– 21' 52"	LORCA	37° 41'	– 6' 48"
ALICANTE	38° 20'	– 1' 56"	LUGO	43° 01'	– 30' 14"
ALMERÍA	36° 50'	– 9' 52"	MADRID	40° 24'	– 14' 44"
ANDORRA LA VELLA	42° 30'	+ 6' 00"	MAHÓN	39° 50'	+ 17' 12"
ÁVILA	40° 39'	– 18' 47"	MÁLAGA	36° 43'	– 17' 41"
BADAJOZ	38° 53'	– 27' 53"	MANACOR	39° 34'	+ 12' 53"
BARCELONA	41° 23'	+ 8' 44"	MANRESA	41° 44'	+ 7' 20"
BILBAO	43° 15'	– 11' 42"	MARBELLA	36° 30'	– 19' 36"
BURGOS	42° 20'	– 14' 49"	MIERES	43° 15'	– 23' 04"
CÁCERES	39° 28'	– 25' 29"	MURCIA	37° 59'	– 4' 31"
CADAQUÉS	42° 17'	+ 13' 08"	ORENSE	42° 20'	– 31' 27"
CÁDIZ	36° 32'	– 25' 11"	OVIEDO	43° 22'	– 23' 22"
CALATAYUD	41° 20'	– 6' 40"	PALENCIA	42° 00'	– 18' 08"
CARTAGENA	37° 38'	– 3' 55"	P. MALLORCA	39° 34'	+ 10' 36"
CASTELLÓN	39° 50'	– 0' 09"	PAMPLONA	42° 49'	– 6' 36"
CIUDAD REAL	38° 59'	– 15' 43"	PLASENCIA	40° 03'	– 24' 32"
C. RODRIGO	40° 36'	– 26' 08"	PONFERRADA	42° 33'	– 26' 20"
CÓRDOBA	37° 53'	– 19' 07"	PONTEVEDRA	42° 26'	– 34' 35"
CORUÑA	43° 23'	– 33' 34"	SALAMANCA	40° 57'	– 22' 40"
CUENCA	40° 04'	– 8' 32"	SAN SEBATIÁN	43° 19'	– 7' 56"
ÉIBAR	43° 11'	– 11' 52"	STA. CRUZ DE TENERIFE	28° 28'	– 1h 5' 57"
ELCHE	38° 15'	– 2' 48"	SANTIAGO DE COMPOSTELA	42° 52'	– 34' 12"
FRAGA	41° 32'	– 1' 24"	SANTANDER	43° 28'	– 15' 13"
FUERTEVENTURA	28° 30'	– 56' 00"	SEGOVIA	40° 57'	– 16' 30"
GERONA	41° 59'	+ 11' 18"	SEVILLA	37° 23'	– 23' 58"
GIJÓN	43° 32'	– 22' 48"	SORIA	41° 46'	– 9' 52"
GOMERA	28° 10'	– 1h 08 ' 20"	TARRAGONA	41° 07'	+ 5' 02"
GRANADA	37° 11'	– 14' 24"	TERUEL	40° 20'	– 4' 26"
GUADALAJARA	40° 38'	– 12' 39"	TOLEDO	39° 51'	– 16' 05"
HIERRO	27° 57'	– 1h 11' 44"	TORTOSA	40° 49'	+ 2' 04"
HUELVA	37° 16'	– 27' 47"	TUDELA	42° 04'	– 6' 24"
HUESCA	42° 08'	– 1' 38"	VALENCIA	39° 28'	– 1' 30"
IBIZA	38° 54'	+ 5' 44"	VALLADOLID	41° 39'	– 18' 53"
JAÉN	37° 46'	– 15' 09"	VIELLA	42° 42'	+ 3' 16"
LA PALMA	25° 40'	– 1h 11' 20"	VIGO	42° 18'	– 34' 44"
LANZAROTE	29° 00'	– 54' 40"	VITORIA	42° 51'	– 10' 42"
LAS PALMAS G.C.	28° 06'	– 1 h 01' 40"	ZAMORA	41° 30'	– 23' 01"
LEÓN	42° 36'	– 22' 16"	ZARAGOZA	41° 34'	– 3' 31"
LÉRIDA	41° 37'	+ 2' 30"			

La Carta astral de nacimiento

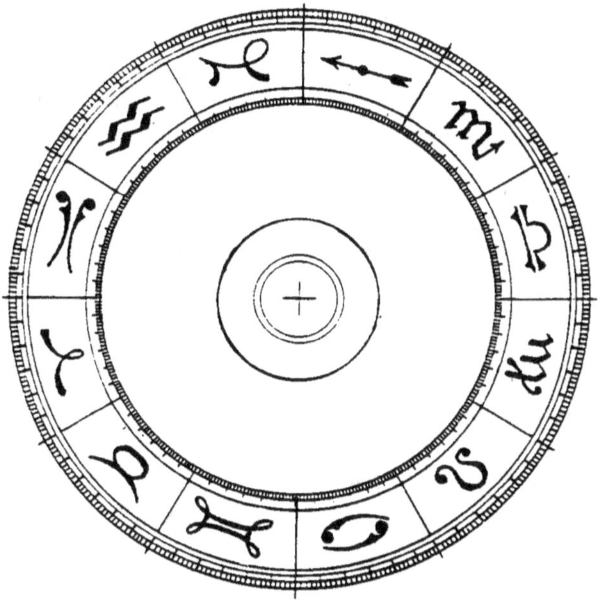

Fig. 1

El **tema natal**, también llamado **horóscopo de nacimiento**, es la representación gráfica del cielo en el momento exacto en que una persona nace.

Este gráfico ilustra la posición de los astros tal como se veían desde la Tierra en ese instante, ofreciendo una "fotografía cósmica" única e irrepetible.

El diagrama que se utiliza —el conocido **círculo zodiacal**— representa un círculo dividido en **12 secciones iguales de 30°** cada una, correspondientes a los doce signos del zodiaco (véase fig. 1).

A lo largo de esta circunferencia aparecen los signos dispuestos en su orden tradicional, comenzando por Aries y continuando hasta Piscis.

Cada signo está identificado mediante un símbolo específico, conocido como **glifo**. Estos glifos son fundamentales en astrología, ya que se utilizan en todos los cuadros, tablas y efemérides, y rara vez se menciona el nombre completo del signo.

Por esta razón, es imprescindible **aprender a reconocer y asociar cada glifo con su signo correspondiente**, tanto para leer una carta natal como para interpretar las posiciones planetarias en cualquier documento astrológico.

ARIES ♈	LIBRA ♎
TAURO ♉	ESCORPIO ♏
GÉMINIS ♊	SAGITARIO ♐
CÁNCER ♋	CAPRICORNIO ♑
LEO ♌	ACUARIO ♒
VIRGO ♍	PISCIS ♓

La estructura de la carta astral

Para redactar correctamente una **carta natal** o **tema astral**, siempre se requieren tres datos esenciales:

– la **fecha**,
– la **hora**,
– y el **lugar de nacimiento**.

El primer paso consiste en calcular el **Ascendente**, como ya se explicó en el capítulo anterior. A continuación, se procede a la **domificación completa**, es decir, la subdivisión del círculo zodiacal en **12 sectores** denominados **Casas astrológicas**, cada una asociada a un ámbito específico de la vida.

El Ascendente delimita la **Primera Casa** y tiene una importancia fundamental dentro del conjunto del horóscopo. Representa el punto del **oriente** astral, ya que señala el signo que se elevaba en el horizonte en el momento del nacimiento.

En sentido opuesto se encuentra el **Descendente**, que indica el signo que se ponía por el oeste, marcando la **Séptima Casa**. El eje Ascendente–Descendente traza la **línea del horizonte**, dividiendo el gráfico en dos mitades:

La **parte superior**, o **sector diurno**, se asocia con la vida pública, la proyección social y la afirmación personal. Una concentración de planetas en esta zona indica una personalidad extrovertida, con tendencia a manifestarse abiertamente en el mundo.

La **parte inferior**, o **sector nocturno**, se relaciona con la vida interior, las emociones profundas y la intimidad. Cuando la mayoría de los planetas se sitúan aquí, suele reflejarse una naturaleza más introspectiva y reflexiva.

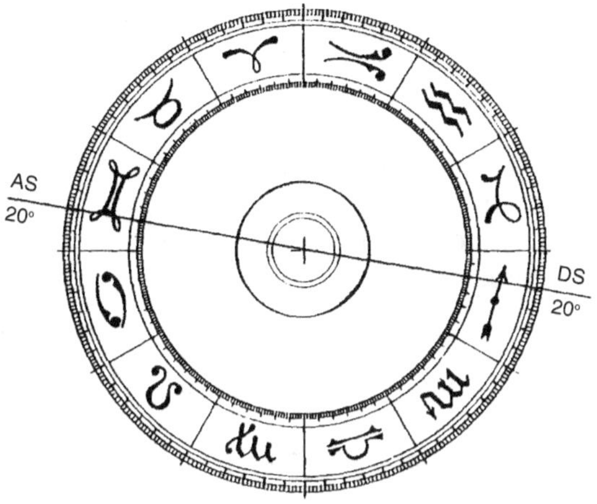

Fig. 2

Conviene recordar que, así como la secuencia de los signos zodiacales avanza en **sentido antihorario** a lo largo de la eclíptica, también el círculo de la carta natal debe organizarse siguiendo ese mismo sentido. Por ello, el Ascendente se coloca siempre en la **parte izquierda del gráfico**, girando el círculo hasta ubicarlo correctamente (véase fig. 2).

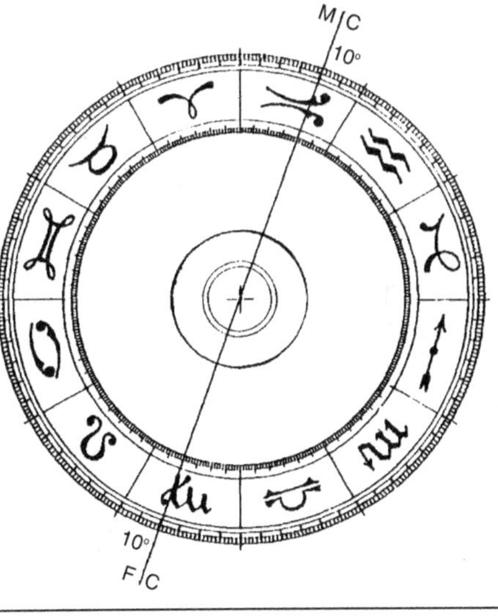

Fig. 3

El punto más alto del gráfico es el **Medio Cielo**, correspondiente al **sur astral**, y marca la **Décima Casa**. Este sector representa la **realización personal**, la vocación, la visibilidad social y el camino profesional.

Frente a él se encuentra el **Fondo del Cielo**, también llamado **Profundo Cielo**, que señala el **norte astral** y delimita la **Cuarta Casa**. Esta zona habla de las **raíces familiares**, los orígenes, el hogar y la base emocional del individuo.

Lectura del eje Medio Cielo – Profundo Cielo

El eje **Medio Cielo – Fondo del Cielo** (o **Profundo Cielo**) divide verticalmente el gráfico de la carta natal en dos mitades simétricas.

– Si la **mitad izquierda** está reforzada por la presencia de varios planetas, se interpreta como una señal de **individualismo**, autonomía y tendencia a guiarse por motivaciones internas.

– Si, en cambio, la **mitad derecha** concentra la mayoría de los planetas, revela una personalidad más **extrovertida**, abierta a la interacción con los demás, con fuerte sentido de colaboración y necesidad de vínculos humanos. *(véase fig. 3)*

Cómo efectuar la domificación

Una vez obtenido el **tiempo sideral de nacimiento**, se puede proceder a la **domificación**, es decir, a la determinación de las posiciones exactas de las **Casas astrológicas** dentro de la carta natal.

Para ello es indispensable contar con una **tabla de Casas**, un manual especializado que indica las posiciones de las Casas para distintas **latitudes geográficas**. También es necesario conocer con exactitud la **latitud del lugar de nacimiento**, dato que se puede encontrar fácilmente en manuales de astrología, enciclopedias o incluso consultando la capital de provincia correspondiente.

Siguiendo con el ejemplo ya planteado, será suficiente saber que la **latitud de Burgos** es de **42° 06′**. El **tiempo sideral** calculado en el capítulo anterior fue de **9 h 47 min**, aunque en aquel momento omitimos los segundos para simplificar.

TABLAS DE LAS CASAS — latitud 42° 42′ N

8 8 45 30 4 2 24 59 23 25

Tiempo sideral H M S	10 ♈	11 ♉	12 ♊	Ascend. ♋	′	2 ♌	3 ♍
0 0 0	0	7	16	20	10	9	1
0 3 40	1	8	17	20	55	10	2
0 7 20	2	9	18	21	39	11	3
0 11 0	3	10	19	22	23	12	4
0 14 41	4	11	20	23	7	12	5
0 18 21	5	12	21	23	51	13	6
0 23 2	6	13	22	24	35	14	7
0 25 42	7	14	23	25	19	15	7
0 29 23	8	15	24	26	2	15	8
0 33 4	9	16	24	26	46	16	9
0 36 45	10	17	25	27	29	17	10
0 40 26	11	18	26	28	13	18	11
0 44 8	12	19	27	28	57	18	12
0 47 50	13	20	28	29	41	19	13
0 51 32	14	21	29	0 ♌	24	20	14
0 55 14	15	22	30	1	7	21	14
0 58 57	16	23	♋	1	51	21	15
1 2 40	17	24	1	2	34	22	16
1 6 23	18	15	2	3	17	23	17
1 10 7	19	26	3	4	1	24	18
1 13 51	20	27	4	4	44	25	19
1 17 35	21	28	5	5	28	25	20
1 21 20	22	29	6	6	12	26	21
1 25 6	23	11	6	6	55	27	22
1 28 52	24	1	7	7	39	28	23
1 32 38	25	2	8	8	23	29	23
1 36 25	26	3	9	9	6	29	24
1 40 12	27	4	10	9	50	♍	25
1 44 0	28	5	11	10	34	1	26
1 47 48	29	6	11	11	18	2	27
1 51 37	30	7	12	12	2	3	28

Tiempo sideral H M S	10 ♉	11 ♊	12 ♋	Ascend. ♌	′	2 ♍	3 ♏
1 51 37	0	7	12	12	2	3	28
1 55 27	1	8	13	12	47	3	29
1 59 17	2	9	14	13	31	4	♎
2 3 8	3	10	15	14	15	5	1
2 6 59	4	11	15	14	59	6	2
2 10 51	5	12	16	15	44	7	3
2 14 44	6	13	17	16	28	7	3
2 18 37	7	14	18	17	13	8	4
2 22 31	8	15	19	17	58	9	5
2 26 25	9	15	20	18	43	10	6
2 30 20	10	16	20	19	29	11	7
2 34 16	11	17	21	20	14	12	8
2 38 13	12	18	22	20	59	12	9
2 42 10	13	19	23	21	44	13	10
2 46 8	14	20	24	22	30	14	11
2 50 7	15	21	25	23	16	15	12
2 54 7	16	22	25	24	2	16	13
2 58 7	17	23	26	24	48	17	14
3 2 8	18	24	27	25	35	18	15
3 6 9	19	25	28	26	21	18	16
3 10 12	20	26	29	27	7	19	17
3 14 15	21	27	♌	27	54	20	18
3 18 19	22	28	1	28	41	21	19
3 22 23	23	29	1	29	28	22	20
3 26 29	24	30	2	0 ♍	15	23	21
3 30 35	25	♋	3	1	3	24	22
3 34 41	26	1	4	1	50	25	23
3 38 49	27	2	5	2	38	25	24
3 42 57	28	3	6	3	25	26	24
3 47 6	29	4	7	4	13	27	25
3 51 15	30	5	7	5	1	28	26

Tiempo sideral H M S	10 ♋	11 ♌	12 ♍	Ascend. ♎	′	2 ♎	3 ♏
6 0 0	0	4	4	0	0	26	26
6 4 22	1	5	5	0	51	27	27
6 8 43	2	6	6	1	42	28	28
6 13 5	3	7	7	2	33	28	29
6 17 26	4	8	8	3	24	29	♐
6 21 48	5	9	9	4	15	♏	1
6 26 9	6	10	10	5	5	1	2
6 30 30	7	11	11	5	56	2	3
6 34 51	8	12	12	6	47	3	4
6 39 11	9	13	13	7	38	4	5
6 43 31	10	14	14	8	28	5	6
6 47 51	11	15	15	9	19	6	7
6 52 11	12	16	15	10	10	7	8
6 56 31	13	17	16	11	0	8	9
7 0 50	14	18	17	11	50	8	10
7 5 8	15	19	18	12	40	9	10
7 9 26	16	20	19	13	30	10	11
7 13 44	17	21	20	14	20	11	12
7 18 1	18	22	21	15	10	12	13
7 22 18	19	23	22	16	0	14	14
7 26 34	20	24	23	16	49	14	15
7 30 50	21	25	24	17	39	15	16
7 35 5	22	26	25	18	29	15	17
7 39 20	23	27	26	19	18	16	18
7 43 34	24	28	27	20	7	17	19
7 47 47	25	29	27	20	56	18	20
7 52 0	26	♏	28	21	44	19	21
7 56 12	27	1	29	22	33	20	22
8 0 24	28	2	♎	23	21	21	23
8 4 35	29	3	1	24	10	22	24

Tiempo sideral H M S	10 ♌	11 ♍	12 ♎	Ascend. ♎	′	2 ♏	3 ♐
8 8 45	0	4	2	24	59	23	25
8 12 54	1	5	3	25	47	23	26
8 17 3	2	6	4	26	35	24	27
8 21 11	3	6	5	27	22	25	28
8 25 19	4	7	5	28	10	26	29
8 29 26	5	8	6	28	57	27	♈
8 33 31	6	9	7	29	45	28	0
8 37 37	7	10	8	0 ♏	32	29	1
8 41 41	8	11	9	1	19	29	2
8 45 45	9	12	10	2	6		3
8 49 48	10	13	11	2	53	1	4
8 53 51	11	14	12	3	39	2	5
8 57 52	12	15	12	4	25	3	6
9 1 53	13	16	13	5	12	4	7
9 5 53	14	17	14	5	58	5	8
9 9 53	15	18	15	6	44	5	9
9 13 52	16	19	16	7	30	6	10
9 17 50	17	20	17	8	16	7	11
9 21 47	18	21	18	9	1	8	12
9 25 44	19	22	18	9	46	9	13
9 29 40	20	23	19	10	31	10	14
9 33 35	21	24	20	11	17	10	15
9 37 29	22	25	21	12	2	11	15
9 41 23	23	26	22	12	47	12	16
9 45 16	24	27	23	13	32	13	17
9 49 9	25	27	23	14	16	14	18
9 53 1	26	28	24	15	1	15	19
9 56 52	27	29	25	15	45	15	20
10 0 42	28	♎	26	16	29	16	21
10 4 33	29	1	27	17	13	17	22
10 8 23	30	2	27	17	58	18	23

Ahora, en cambio, conviene ser más precisos: sumando los **49 segundos** obtenidos a través de la corrección por longitud, el **tiempo sideral exacto** queda en: **9 h 47 min 49 s**

Localización en la tabla de Casas

La figura de la pág. 63 reproduce una página ejemplo de una **tabla de Casas** correspondiente a una latitud próxima **—42° 20'**, la más cercana disponible a la de Burgos—.

En la columna titulada **"Sidereal Time"**, se busca el valor más próximo al tiempo sideral calculado. En este caso, el más cercano es: **9 h 49 min 09 s**

✦ No es necesario encontrar un valor idéntico: pequeñas diferencias, como en este caso, no alteran sustancialmente el resultado final.

Las siguientes columnas de la tabla están encabezadas por los números: **10, 11, 12, Ascend., 2, 3**, correspondientes a las Casas:

- X (Medio Cielo),
- XI,
- XII,
- I (Ascendente),
- II,
- III.

Debajo de cada encabezado aparece el **símbolo del signo** en el que cae esa Casa, seguido por el **grado del signo** en que se encuentra el comienzo de dicha Casa. Hay que prestar atención a los símbolos zodiacales, que pueden variar a lo largo de la columna cuando el signo cambia de uno a otro al superar los 30°.

Resultado del ejemplo (Burgos, 15 de junio de 1970 – 17:30 hora oficial):

- **Casa X (Medio Cielo)**: 25° Leo
- **Casa XI**: 27° Virgo
- **Casa XII**: 23° Libra

- **Ascendente (Casa I)**: 14° 16′ Escorpio
- **Casa II**: 14° Sagitario
- **Casa III**: 18° Capricornio

Con estos datos, ya es posible trazar el esquema completo de la carta natal, ubicando los planetas en sus respectivas Casas y signos, y comenzar así la interpretación astrológica.

Representación de las Casas y ubicación de los planetas

Antes de comenzar a dibujar las Casas en el gráfico, se recomienda **anotar previamente todas sus posiciones** sobre una hoja aparte. Esto evita tener que consultar repetidamente las tablas y facilita la precisión del trabajo.

Las **tablas de Casas** proporcionan únicamente la posición de **seis Casas**, ya que cada una de ellas tiene otra diametralmente opuesta. Ambas se ubican exactamente en el mismo grado del signo opuesto, lo cual resulta evidente al trazar el gráfico.

Colocación y trazado de los ejes

El primer paso es **orientar correctamente el gráfico circular**: el signo del **Ascendente** debe situarse a la **izquierda** del círculo. En nuestro ejemplo, el Ascendente se encuentra a **14° 16′ de Escorpio**, por lo tanto, ese punto debe colocarse en la parte izquierda del gráfico.

Con la ayuda de una regla, se traza una línea recta que une los **14° 16′ de Escorpio** con su signo opuesto, los **14° 16′ de Tauro**, pasando por el centro del círculo. Así se define también el **Descendente** (Casa VII).

Como este eje tiene una importancia clave, conviene **extenderlo ligeramente más allá del contorno del círculo** para destacarlo visualmente.

Del mismo modo, se traza el eje **Medio Cielo – Fondo del Cielo** (o Profundo Cielo), que parte de los **25° de Leo** (Casa X) hasta los **25° de Acuario** (Casa IV). Esta línea también debe prolongarse para resaltar su valor estructural.

Representación de las Casas restantes

Con el mismo procedimiento se trazan las demás Casas, teniendo en cuenta sus grados y signos opuestos:

- **Casa XI y Casa V**: de **27° Virgo** a **27° Piscis**
- **Casa XII y Casa VI**: de **23° Libra** a **23° Aries**
- **Casa II y Casa VIII**: de **14° Sagitario** a **14° Géminis**
- **Casa III y Casa IX**: de **18° Capricornio** a **18° Cáncer**

Estas líneas no requieren resaltado especial: basta con que lleguen hasta el borde interno del círculo zodiacal.

Una vez dibujadas todas las líneas, la **domificación** está completa.

A continuación, se numeran las Casas directamente sobre el gráfico, comenzando por la I Casa en el Ascendente, siguiendo en sentido **antihorario**. Es importante usar **números romanos** para designar las cuatro **Casas cardinales**:

– **I** (Ascendente),
– **IV** (Fondo del Cielo),
– **VII** (Descendente),
– **X** (Medio Cielo),

Estas Casas marcan los **cuatro cuadrantes fundamentales** del horóscopo.

La **figura 4** (pág. siguiente) muestra un ejemplo completo del gráfico correspondiente a nuestro caso práctico:

nacimiento en Burgos, el 15 de junio de 1970 a las 17:30 (hora oficial).

Segunda fase: ubicación de los planetas

Una vez delimitadas las Casas, comienza la **segunda fase** del trabajo: **ubicar las posiciones planetarias** tal como se encontraban en el momento exacto del nacimiento.

Para ello, se utilizan las **efemérides**, instrumento indispensable del astrólogo. Estas tablas detallan la **longitud zodiacal** de todos

NACIMIENTO OCURRIDO EN BURGOS
EL 15 DE JUNIO DE 1970 - A LAS 17,30 HORAS (HORA OFICIAL)

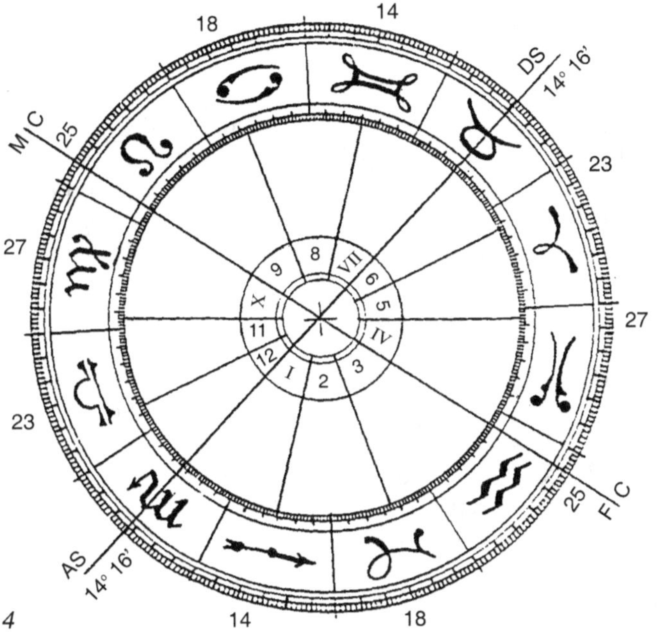

Fig. 4

los planetas (Sol incluido), expresada en **grados, minutos y segundos** para cada día del año.

En las páginas **66 y 67** se incluye una versión simplificada de las efemérides correspondiente al mes de **junio de 1970**, utilizada para ilustrar nuestro ejemplo.

Antes de proceder a su lectura, se recuerda que tanto los signos como los planetas están representados mediante **glifos** o símbolos gráficos, ya explicados anteriormente. En las próximas páginas, se presentará uno por uno el símbolo y el significado de cada planeta.

Efemérides relativas a junio de 1970															
Fecha	*Tiempo sideral*			☉			☽			☿			♀		
	h	min	s	°	'	"	°	'	"	°	'	"	°	'	"
1 Lu	16	36	15	10♊	05	42	2♉	13	19	16♉	40	8	11♋	17	0
2 Ma	16	40	12	11	03	13	15	37	14	17	24	5	12	28	7
3 Mi	16	44	08	12	00	43	28	49	22	18	12	0	13	40	4
4 Ju	16	48	05	12	58	12	11♊	48	14	19	03	2	14	52	1
5 Vi	16	52	01	13	55	40	24	32	42	19	57	9	16	03	7
6 Sa	16	55	58	14	53	08	7♋	02	26	20	56	1	17	15	2
7 Do	16	59	55	15	50	34	19	18	08	21	57	8	18	26	7
8 Lu	17	03	51	16	47	59	1♌	21	35	23	02	8	19	38	1
9 Ma	17	07	48	17	45	23	13	15	41	24	11	0	20	49	5
10 Mi	17	11	44	18	42	46	25	04	22	25	22	5	22	00	8
11 Ju	17	15	41	19	40	08	6♍	52	16	26	37	1	23	12	1
12 Vi	17	19	37	20	37	29	18	44	35	27	54	9	24	23	3
13 Sa	17	23	34	21	34	49	0♎	46	46	29	15	7	25	34	4
14 Do	17	27	31	22	32	08	13	04	10	0♊	39	7	26	45	5
15 Lu	17	31	27	23	29	26	25	41	35	2	06	6	27	56	5
16 Ma	17	35	24	24	26	43	8♏	42	44	3	36	5	29	07	4
17 Mi	17	39	20	25	24	00	22	09	38	5	09	4	0♌	18	4
18 Ju	17	43	17	26	21	15	6♐	02	03	6	45	3	1	29	0
19 Vi	17	47	13	27	18	31	20	17	09	8	24	1	2	39	8
20 Sa	17	51	10	28	15	46	4♑	49	37	10	05	9	3	50	4
21 Do	17	55	06	29	13	00	19	32	25	11	50	4	5	01	0
22 Lu	17	59	03	0♋	10	14	4♒	17	49	13	37	8	6	11	5
23 Ma	18	03	00	1	07	27	18	58	45	15	27	9	7	21	9
24 Mi	18	06	56	2	04	41	3♓	29	41	17	20	7	8	32	3
25 Ju	18	10	53	3	01	54	17	47	03	19	16	1	9	42	5
26 Vi	18	14	49	3	59	07	1♈	49	09	21	13	9	10	52	8
27 Sa	18	18	46	4	56	20	15	35	42	23	14	0	12	02	9
28 Do	18	22	42	5	53	34	29	07	14	25	16	3	13	12	9
29 Lu	18	26	39	6	50	47	12♉	24	36	27	20	4	14	22	9
30 Ma	18	30	35	7♋	48	00	25	28	37	29♊	26	4	15♌	32	8

EFEMÉRIDES RELATIVAS A JUNIO DE 1970					
♂	♃	♄	♅	♆	♇
° ' "	° ' "	° ' "	° ' "	° ' "	° ' "
29 ♊ 08 9	26 ♎ R 48 9	15 ♉ R 47 0	4 ♎ R 42 8	29 ♏ R 13 8	24 ♍ R 40 8
29 48 7	26 45 1	15 54 3	4 42 2	29 12 2	24 40 7
0 ♋ 28 4	26 41 4	16 01 5	4 41 7	29 10 6	24 40 6
1 08 1	26 37 9	16 08 7	4 41 2	29 09 0	24 40 6
1 47 7	26 34 5	16 15 8	4 40 8	29 07 5	24 40 5
2 27 4	26 31 3	16 22 9	4 40 4	29 05 9	24 40 6
3 07 0	26 28 3	16 30 0	4 40 1	29 04 4	24 40 6
3 46 6	26 25 5	16 37 1	4 39 9	29 02 8	24 40 7
4 26 1	26 22 8	16 44 1	4 39 6	29 01 3	24 40 4
5 05 6	26 20 3	16 51 0	4 39 5	29 59 8	24 40 9
5 45 1	26 18 0	16 58 0	4 39 4	28 58 3	24 41 1
6 24 6	26 15 9	17 04 9	4 39 3	28 56 8	24 41 3
7 04 0	26 13 9	17 11 7	4 39 4	28 55 3	24 41 5
7 43 4	26 12 2	17 18 5	4 39 4	28 53 9	24 41 8
8 22 8	26 10 6	17 25 3	4 39 5	28 52 4	24 42 1
9 02 1	26 09 1	17 32 0	4 39 7	28 51 0	24 42 4
9 41 4	26 07 9	17 38 6	4 39 9	28 49 6	24 42 8
10 20 7	26 06 8	17 45 3	4 40 2	28 48 2	24 43 2
11 00 0	26 06 0	17 51 8	4 40 5	28 46 8	24 43 6
11 39 2	26 05 3	17 58 4	4 40 9	28 45 4	24 44 1
12 18 4	26 04 8	18 04 8	4 41 3	28 44 1	24 44 6
12 57 6	26 04 4	18 11 3	4 41 8	28 42 8	24 45 1
13 36 8	26 04 3	18 17 6	4 42 3	28 41 4	24 45 7
14 15 9	26 04 3	18 23 9	4 42 9	28 40 1	24 46 3
14 55 1	26 04 5	18 30 2	4 43 6	28 39 9	24 46 9
15 34 2	26 04 8	18 36 4	4 44 3	28 37 6	24 47 5
16 13 2	26 05 4	18 42 6	4 45 0	28 36 4	24 48 2
16 52 3	26 06 1	18 48 7	4 45 8	28 35 1	24 48 9
17 31 3	26 07 0	18 54 7	4 46 7	28 33 9	24 49 7
18 ♋ 10 4	26 ♎ 08 1	19 ♉ 00 7	4 ♎ 47 6	28 ♏ 32 8	24 ♍ 50 4

Lectura de las efemérides y ubicación de los planetas

A partir de esta fase, pasamos a **consultar las efemérides** para determinar con precisión las posiciones de los planetas en el momento exacto del nacimiento.

Empezando por la izquierda, la **primera columna** indica el **día del mes y de la semana**. La **segunda columna**, titulada *tiempo sideral*, proporciona la hora sideral correspondiente a las **00:00 horas** del día considerado. Esta hora sideral coincide con la proporcionada en la tabla de la página *57*, aunque aquella era una versión resumida y no necesariamente precisa al segundo. Recordemos que la hora sideral es necesaria para la **domificación**.

La mayoría de las efemérides disponibles en librerías incluyen los datos planetarios para las **00:00 horas**, aunque algunas ediciones los ofrecen para las **12:00 horas**. En cualquier caso, cada publicación indica claramente el horario de referencia. Es importante tener presente que estas horas están referidas al **meridiano de Greenwich**, por lo que, para los cálculos astrológicos, debe utilizarse la hora de nacimiento **ya corregida** por huso horario y hora oficial estival.

En nuestro ejemplo, esa hora corregida es **16 h 30 min**.

Posiciones planetarias según las efemérides

La **tercera columna** indica la posición del **Sol** (símbolo: ☉). Para simplificar, se puede utilizar esta posición si el nacimiento ocurrió **antes de las 12:00**, y redondear al grado siguiente si fue **después de las 12:00**. En nuestro caso, el Sol se encuentra a **24° de Géminis**, posición que se anotará en la hoja de cálculo personal.

La **cuarta columna** muestra la posición de la **Luna** (símbolo: ☽), el astro de movimiento más rápido. Su posición varía aproximadamente **1° cada 2 horas**, por lo que debe ajustarse según la hora de nacimiento.

En nuestro ejemplo, la Luna, a las 00:00 del 15 de junio, está a **25° 41′ 35″ en Libra**. A las **16 h 30 min**, habrá avanzado cerca de **8° 15′**.

El cálculo sería: **25° 41′ + 8° 15′ = 33° 56′**, lo cual indica que ha pasado al signo siguiente. La posición corregida de la Luna es entonces **3° 56′ en Escorpio**.

La **quinta columna** indica la posición de **Mercurio** (☿): **2° 06′ en Géminis**.

La **sexta columna**, la de **Venus** (♀): **27° 56′ en Cáncer**.

La **séptima columna**, la de **Marte** (♂): **8° 22′ en Cáncer**.

Para estos tres planetas, de movimiento rápido, sería ideal aplicar una **interpolación horaria** para mayor exactitud. Sin embargo, en este libro se considera suficiente, a modo introductorio, utilizar sus posiciones a las **00:00 horas**.

La **octava columna** indica la posición de **Júpiter** (♃): **26° 10′ en Libra**. Aparece marcada con una **R**, que indica que se encuentra en **movimiento retrógrado**. Esta condición debe anotarse junto a la posición del planeta.

La **novena columna** da la longitud de **Saturno** (♄): **17° 25′ en Tauro**.

La **décima columna** corresponde a **Urano** (♅): **4° 39′ en Libra**.

También aparece una **R**, señalando el movimiento retrógrado; más adelante, una **D** indicará su regreso al movimiento directo. Cuando esto ocurre, no se requiere anotar nada adicional.

La **undécima columna** muestra la posición de **Neptuno** (♆): **28° 52′ en Escorpio**, también en fase retrógrada.

La **duodécima columna** indica la posición de **Plutón** (♇): **24° 42′ en Virgo**.

Representación final del gráfico natal

Una vez anotadas todas las posiciones planetarias, se procede a representarlas sobre el gráfico natal, ubicándolas en los **signos zodiacales** correspondientes y en las **Casas** resultantes de la domificación.

La **figura 5** (pág. siguiente) ofrece un modelo del gráfico completo para nuestro caso práctico, con todos los planetas situados en sus posiciones astrales respectivas.

A partir de este momento, el gráfico natal está **completo**: muestra, de manera sintética y simbólica, la estructura esencial del individuo —sus potencialidades, tendencias y fuerzas internas— en el instante mismo de su nacimiento.

Quien disponga de efemérides podrá, una vez obtenidas las posiciones planetarias correspondientes a su propio horóscopo, **representarlas directamente en la ficha astrológica personal** de la página 48.

Para quienes no cuenten con este instrumento, se incluyen en las páginas 83 a 94 unas **tablas resumen** que proporcionan las posiciones generales de los planetas **Júpiter, Saturno, Urano, Neptuno y Plutón**. Estas posiciones, por su lento movimiento, varían poco en el transcurso de los días y pueden considerarse válidas con una buena aproximación.

En cambio, para los planetas de movimiento más rápido —**Mercurio, Venus y Marte**— es **imprescindible** consultar las efemérides, ya que su velocidad de traslación hace que cambien de signo o de grado en cuestión de horas, lo que puede modificar significativamente la interpretación del tema astral.

NACIMIENTO OCURRIDO EN BURGOS
EL 15 DE JUNIO DE 1970 - A LAS 17,30 HORAS (HORA OFICIAL)

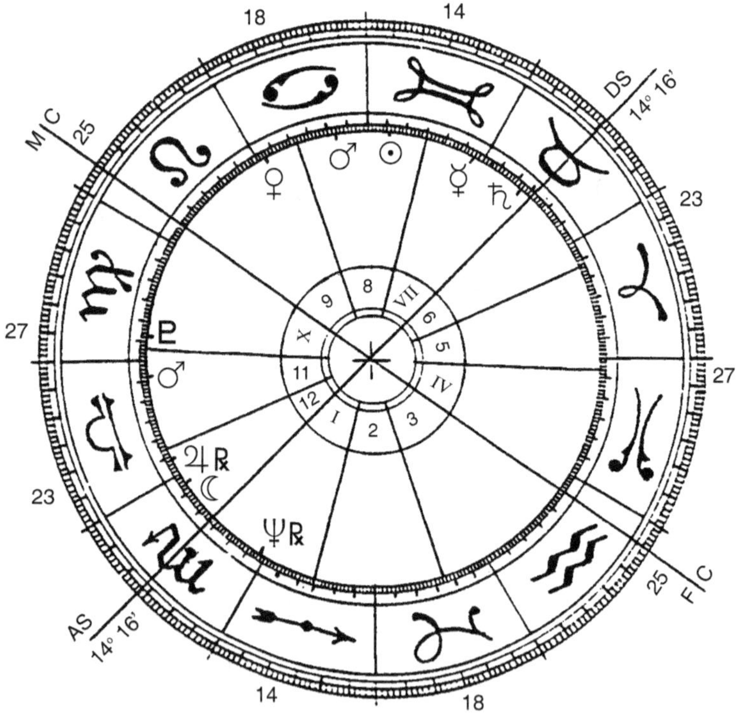

Fig. 5

Significado de los planetas

Luna

La Luna simboliza la esfera **sensible y receptiva** del individuo: su capacidad de **imaginación, asimilación e intuición**. En el plano del carácter, revela una naturaleza **emotiva**, propensa a la **impresionabilidad**, la **inquietud** o incluso la **melancolía**, aunque también favorece el **talento creativo**, la **fantasía** y cierta dosis de **capricho**.

Rige las **reacciones instintivas** ante la diversidad de situaciones externas, y por tanto, está asociada a la **adaptabilidad**. Representa los **cambios de circunstancias**, el entorno humano, la **multitud**, así como las **cualidades mágicas** e inexplicables por la razón: la **atracción secreta**, las **premoniciones** y los **dones extrasensoriales**.

La Luna encarna también el **vínculo con la figura materna**, la imagen de la madre que uno lleva consigo. En cartas femeninas, refleja el tipo de **feminidad**, las **expectativas emocionales** y el modo de relacionarse con el otro sexo. En cartas masculinas, representa la **imagen idealizada de lo femenino**, la forma en que el nativo **percibe y desea a la mujer**.

Asimismo, la Luna está ligada a la **vida familiar** y al **entorno doméstico**, a la **infancia** y a los **lazos afectivos primarios**. Su posición en el tema natal indica si persisten **inseguridades** o **infantilismos** originados en las primeras experiencias de vida y el apego al núcleo familiar. Señala también la **necesidad de protección**, la **pasividad**, el **desinterés**, la **influenciabilidad**, así como la capacidad de **integrarse en la vida social** con mayor o menor armonía: la **sociabilidad**, la **cordialidad**, la **disponibilidad afectiva**, el **candor**, la **confianza**, la **necesidad de compañía y de apoyo**.

Cuando ocupa una posición **dominante** en el tema astral, la Luna puede conferir un temperamento **inestable**, inclinado a la **pereza física** y al **desasosiego psíquico**. El individuo es imaginativo e inspirado, reacio a los esquemas racionales, guiado por su **estado de ánimo** y sus **intuiciones**. Se manifiesta como una persona **imprevisible y caprichosa**, sumamente **sensible**, con una **vida interior rica y compleja**.

Tabla -A- para buscar la posición de la Luna												
	En.	Feb.	Mar.	Abr.	May.	Jun.	Jul.	Ag.	Sept.	Oct.	Nov.	Dic.
1920	2,7	6,4	8,1	11,8	14,4	18,1	20,8	24,5	0,8	3,5	7,2	9,9
1921	13,5	17,2	17,9	21,6	24,3	0,6	3,3	7,0	10,7	13,3	17,0	19,7
1922	23,4	27,0	0,4	4,1	6,8	10,4	13,1	16,8	20,5	23,2	26,8	2,2
1923	5,9	9,5	10,2	13,9	16,6	20,3	22,9	26,6	3,0	5,6	9,3	12,0
1924	15,7	19,4	21,0	24,7	0,1	3,8	6,4	10,1	13,8	16,5	20,1	22,8
1925	26,5	2,9	3,5	7,2	9,9	13,6	16,3	19,9	23,6	26,3	2,6	5,3
1926	9,0	12,7	13,4	17,0	19,7	23,4	26,1	2,4	6,1	8,8	12,5	15,1
1927	18,8	22,5	23,2	26,9	2,2	5,9	8,6	12,2	15,9	18,6	22,3	25,0
1928	1,3	5,0	6,7	10,4	13,0	16,7	19,4	23,1	26,7	2,1	5,8	8,5
1929	12,1	15,8	16,5	20,2	22,9	26,5	1,9	5,6	9,2	11,9	15,6	18,3
1930	22,0	25,6	26,3	2,7	5,3	9,0	11,7	15,4	19,1	21,7	25,4	0,8
1931	4,5	8,1	8,8	12,5	15,2	18,8	21,5	25,2	1,6	4,2	7,9	10,6
1932	14,3	18,0	19,6	23,3	26,0	2,3	5,0	8,7	12,4	15,1	18,7	21,4
1933	25,1	1,5	2,1	5,8	8,5	12,2	14,8	18,5	22,2	24,9	1,2	3,9
1934	7,6	11,3	11,9	15,6	18,3	22,0	24,7	1,0	4,7	7,4	11,1	13,7
1935	17,4	21,1	21,8	25,4	0,8	4,5	7,2	10,8	14,5	17,2	20,9	23,6
1936	27,2	3,6	5,3	8,9	11,6	15,3	18,0	21,7	25,3	0,7	4,4	7,1
1937	10,7	14,4	15,1	18,8	21,4	25,1	0,5	4,2	7,8	10,5	14,2	16,9
1938	20,5	24,2	24,9	1,3	3,9	7,6	10,3	14,0	17,7	20,3	24,0	26,7
1939	3,0	6,7	7,4	11,1	13,8	17,4	20,1	23,8	0,2	2,8	6,5	9,2
1940	12,9	16,5	18,2	21,9	24,6	0,9	3,6	7,3	11,0	13,6	17,3	20,0
1941	23,7	0,0	0,7	4,4	7,1	10,8	13,4	17,1	20,8	23,5	27,1	2,5
1942	6,2	9,9	10,5	14,2	16,9	20,6	23,3	26,9	3,3	6,0	9,6	12,3
1943	16,0	19,7	20,4	24,0	26,7	3,1	5,8	9,4	13,1	15,8	19,5	22,1
1944	25,8	2,2	3,9	7,5	10,2	13,9	16,6	20,2	23,9	26,6	3,0	5,6
1945	9,3	13,0	13,7	17,4	20,0	23,7	26,4	2,7	6,4	9,1	12,8	15,5
1946	19,1	22,8	23,5	27,2	2,5	6,2	8,9	12,6	16,2	18,9	22,6	25,3
1947	1,6	5,3	6,0	9,7	12,4	16,0	18,7	22,4	26,1	1,4	5,1	7,8
1948	11,5	15,1	16,8	20,5	23,2	26,8	2,2	5,9	9,6	12,2	15,9	18,6
1949	22,3	26,0	26,6	3,0	5,7	9,3	12,0	15,7	19,4	22,1	25,7	1,1
1950	4,8	8,5	9,1	12,8	15,5	19,2	21,8	25,5	1,9	4,6	8,2	10,9
1951	14,6	18,3	18,9	22,6	25,3	1,7	4,3	8,0	11,7	14,4	18,1	20,7
1952	24,4	0,8	2,4	6,1	8,8	12,5	15,2	18,8	22,5	25,2	1,6	4,2
1953	7,9	11,6	12,3	15,9	18,6	22,3	25,0	1,3	5,0	7,7	11,4	14,1
1954	17,7	21,4	22,1	25,8	1,1	4,8	7,5	11,2	14,8	17,5	21,2	23,9

Tabla -A- para buscar la posición de la Luna												
	En.	Feb.	Mar.	Abr.	May.	Jun.	Jul.	Ag.	Sept.	Oct.	Nov.	Dic.
1955	0,2	3,9	4,6	8,3	10,9	14,6	17,3	21,0	24,7	0,0	3,7	6,4
1956	10,0	13,7	15,4	19,1	21,8	25,4	0,8	4,5	8,2	10,8	14,5	17,2
1957	20,9	24,5	25,2	1,6	4,3	7,9	10,6	14,3	18,0	20,7	24,3	27,0
1958	3,4	7,0	7,7	11,4	14,1	17,8	20,4	24,1	0,5	3,1	6,8	9,5
1959	13,2	16,9	17,5	21,2	23,9	0,3	2,9	6,6	10,3	13,0	16,6	19,3
1960	23,0	26,7	1,0	4,7	7,4	11,1	13,8	17,4	21,1	23,8	0,1	2,8
1961	6,5	10,2	10,9	14,5	17,2	20,9	23,6	27,2	3,6	6,3	10,0	12,6
1962	16,3	20,0	20,7	24,4	27,0	3,4	6,1	9,7	13,4	16,1	19,8	22,5
1963	26,1	2,5	3,2	6,9	9,5	13,2	15,9	19,6	23,2	25,9	2,3	5,0
1964	8,6	12,3	14,0	17,7	20,4	24,0	26,7	3,1	6,7	9,4	13,1	15,8
1965	19,5	23,1	23,8	0,2	2,8	6,5	9,2	12,9	16,6	19,2	22,9	25,6
1966	2,0	5,6	6,3	10,0	12,7	16,3	19,0	22,7	26,4	1,7	5,4	8,1
1967	11,8	15,5	16,1	19,8	22,5	26,2	1,5	5,2	8,9	11,6	15,2	17,9
1968	21,6	25,3	27,0	3,3	6,0	9,7	12,3	16,0	19,7	22,4	26,1	1,4
1969	5,1	8,8	9,4	13,1	15,8	19,5	22,2	25,8	2,2	4,9	8,6	11,2
1970	14,9	18,6	19,3	22,9	25,6	2,0	4,7	8,3	12,0	14,7	18,4	21,1
1971	24,7	1,1	1,8	5,4	8,1	11,8	14,5	18,2	21,8	24,5	0,9	3,5
1972	7,2	10,9	12,6	16,3	18,9	22,6	25,3	1,7	5,3	8,0	11,7	14,4
1973	18,0	21,7	22,4	26,1	1,4	5,1	7,8	11,5	15,2	17,8	21,5	24,2
1974	0,5	4,2	4,9	8,6	11,3	14,9	17,6	21,3	25,0	0,3	4,0	6,7
1975	10,4	14,0	14,7	18,4	21,1	24,8	0,1	3,8	7,5	10,1	13,8	16,5
1976	20,2	23,9	25,5	1,9	4,6	8,3	10,9	14,6	18,3	21,0	24,6	0,0
1977	3,7	7,4	8,0	11,7	14,4	18,1	20,8	24,4	0,8	3,5	7,1	9,8
1978	13,5	17,2	17,9	21,5	24,2	0,6	3,3	6,9	10,6	13,3	17,0	19,6
1979	23,3	27,0	0,4	4,0	6,7	10,4	13,1	16,7	20,4	23,1	26,8	2,1
1980	5,8	9,5	11,2	14,9	17,5	21,2	23,9	0,2	3,9	6,6	10,3	13,0
1981	16,6	20,3	21,0	24,7	0,0	3,7	6,4	10,1	13,7	16,4	20,1	22,8
1982	26,5	2,8	3,5	7,2	9,8	13,5	16,2	19,9	23,6	26,2	2,6	5,3
1983	9,0	12,6	13,3	17,0	19,7	23,3	26,0	2,4	6,1	8,7	12,4	15,1
1984	18,8	22,5	24,1	0,5	3,2	6,8	9,5	13,2	16,9	19,6	23,2	25,9
1985	2,3	6,0	6,6	10,3	13,0	16,7	19,3	23,0	26,7	2,1	5,7	8,4
1986	12,1	15,8	16,4	20,1	22,8	26,5	1,8	5,5	9,2	11,9	15,6	18,2
1987	21,9	25,6	26,3	2,6	5,3	9,0	11,7	15,3	19,0	21,7	25,4	0,7
1988	4,4	8,1	9,8	13,4	16,1	19,8	22,5	16,2	2,5	5,2	8,9	11,6
1989	15,2	18,9	19,6	23,3	25,9	2,3	5,0	8,7	12,3	15,0	18,7	21,4

Cómo encontrar la posición de la Luna

La Luna es el astro que **recorre con mayor velocidad** la banda zodiacal, cambiando de signo aproximadamente cada **60 horas**. Esta rapidez convierte en imprescindible el uso de **efemérides** para conocer con precisión el signo lunar en el momento del nacimiento. Si no se dispone de ellas, puede resultar difícil determinar la posición de este planeta, tan esencial para definir la **personalidad básica**.

Para facilitar esta tarea, se proporcionan dos **tablas auxiliares (A y B)** que permiten encontrar de manera aproximada el **signo zodiacal en el que se encontraba la Luna** en una fecha determinada:

1. En la **tabla A**, se localiza el **año y el mes** de nacimiento. En la intersección de fila y columna se encuentra un número decimal.
2. Este número se **suma al día de nacimiento**.
3. El resultado se busca en la **tabla B**, que indicará el **signo zodiacal** correspondiente a esa posición lunar.

Ejemplo: nacimiento ocurrido el 17 de julio de 1987.
En la tabla A, para julio de 1987, se encuentra el número **11,7**.
Sumándolo al día de nacimiento: 11,7 + 17 = **28,7**.
En la tabla B, el número **28,7** corresponde al signo de **Aries**.
Una vez identificado, podrá **anotar este dato** en su ficha astrológica personal de la página 48.

TABLA -B- PARA BUSCAR LA POSICIÓN DE LA LUNA

0	Aries	2,7	32,3	Géminis	34,6
2,7	Tauro	5	34,6	Cáncer	36,9
5	Géminis	7,3	36,9	Leo	39,2
7,7	Cáncer	9,6	39,2	Virgo	41,2
9,6	Leo	11,8	41,2	Libra	43,7
11,8	Virgo	14,1	43,7	Escorpio	46
14,1	Libra	16,4	46	Sagitario	48,3
16,4	Escorpio	18,7	48,3	Capricornio	50,5
18,7	Sagitario	20,9	50,5	Acuario	52,8
20,9	Capricornio	23,2	52,8	Piscis	55,1
23,2	Acuario	25,2	55,1	Aries	57,4
25,2	Piscis	27,8	57,4	Tauro	59,6
27,8	Aries	30	59,6	Géminis	61,9
30	Tauro	32,3	61,9	Cáncer	—

LOS PLANETAS RÁPIDOS

MERCURIO VENUS MARTE

Mercurio

Mercurio representa el **puente entre el individuo y el mundo** a través del **pensamiento, el conocimiento y la actividad mental**. Rige la **inteligencia**, la **capacidad de observación**, la **versatilidad**, los **reflejos rápidos**, la **curiosidad**, la **ingeniosidad** y la **comprensión lógica**. Define cómo se **percibe, procesa y expresa** la información, más allá de la emoción o el sentimiento.

Este planeta gobierna la **comunicación oral y escrita**, las **facultades de aprendizaje** y la habilidad para **transmitir ideas**. Asociado al **movimiento y la vitalidad**, también influye en los **viajes**, los **desplazamientos** y los **medios de transporte y comunicación**. En el plano social, está relacionado con la **diplomacia**, la **astucia**, la **capacidad de adaptación mental** y cierto grado de **oportunismo**.

En el tema natal, Mercurio representa las **relaciones con hermanos, hermanas, coetáneos e hijos**. Está vinculado a la **juventud** y a la dimensión del carácter asociada a la **alegría, la despreocupación y el sentido del humor**.

Cuando Mercurio ocupa una **posición dominante** en la carta astral, la persona se caracteriza por una **gran agudeza mental**, **curiosidad insaciable**, y una tendencia a **racionalizar**. Tiene una necesidad constante de conocer y expresarse, a menudo con una **ironía afilada** y un **espíritu crítico** que puede tornarse **polémico**.

Es **nerviosa, reactiva, versátil**, y suele desenvolverse con soltura en ambientes diversos. Cultiva muchas relaciones sociales y destaca por su **sentido de los negocios** y **talento intelectual**.

Venus

Venus gobierna el ámbito del **sentimiento, la belleza y el placer**. Representa la **capacidad de amar** en su sentido más amplio, así como la **manera de expresar afecto**, el **grado de altruismo** y la disposición a involucrarse emocionalmente. Rige también la **sensibilidad estética** y la **capacidad de disfrutar** de todo lo bello, armónico y placentero, con un hedonismo sereno.

Este planeta simboliza la **paz, la conciliación** y la **comprensión basada en el amor**, y por ello juega un papel esencial en la **vida social**, favoreciendo la simpatía y el éxito en las relaciones. Venus potencia la **atracción personal**, no sólo física, sino también afectiva, emocional y sensorial. Define la **sensualidad**, la capacidad de generar **empatía**, y de atraer con **encanto natural**.

La **vida amorosa** está profundamente influida por Venus. Su posición indica la disposición sentimental, los **gustos y expectativas** en el amor, la forma de **relacionarse con la pareja**, y el modo de **manifestar amor y fidelidad**. También puede revelar los ambientes más propicios para los encuentros afectivos, las **uniones más prometedoras** y los **posibles retos** en la relación o en la esfera sexual.

Asimismo, Venus está vinculada al **gusto artístico**, al **talento creativo** y a la **inspiración estética**.

Cuando Venus ocupa una posición **dominante** en el tema natal, confiere un carácter **amable, sociable y encantador**. La persona es **afectuosa, sensible, pero poco inclinada al esfuerzo**, inclinándose más hacia el placer que hacia el compromiso. Sin embargo, suele beneficiarse del apoyo y simpatía del entorno. Por ello, Venus es conocida como la **"pequeña fortuna"**, protectora benévola de quienes se encuentran bajo su influencia. Estos nativos suelen ser personas queridas, capaces de disfrutar intensamente de las **alegrías de la vida**.

Marte

Marte representa la **energía combativa** que el individuo necesita para abrirse paso en el mundo, superar obstáculos e **imponer su personalidad**. Es símbolo de **acción directa, ímpetu y afirmación**, y define la **fuerza de voluntad** y la **vitalidad** con la que una persona enfrenta las circunstancias de la vida. Su energía se manifiesta de forma **instintiva, impulsiva y sin filtros**, alentando el **coraje**, la **audacia**, el espíritu de **competencia**, la **agresividad** y el **antagonismo**.

En términos de carácter, Marte se asocia con la **independencia**, la **tendencia a liderar**, el **dinamismo** y la **pasión por la acción**. También puede señalar una **naturaleza rebelde, impaciente o colérica**, especialmente si su influencia no está equilibrada. Dependiendo de su posición en el tema astral, la energía marciana puede expresarse como **determinación constructiva** o, en su aspecto negativo, como **imprudencia, brusquedad, impulsividad** o incluso **violencia**. Si esta energía se reprime o bloquea, puede generar **frustración, apatía** o una sensación de **incapacidad para actuar con eficacia**.

Marte es esencial para evaluar la **capacidad de realización práctica**, ya que mide la **fuerza interior** proyectada a través de la **acción concreta**. También rige la **vitalidad física**, la predisposición hacia el **deporte**, el enfrentamiento, los **conflictos físicos o verbales**, así como la **tendencia a accidentes o golpes**.

En los temas femeninos, Marte representa la **imagen del amante o del esposo**, el tipo de **hombre que más atrae** a la mujer. En los temas masculinos, simboliza la **virilidad**, la manera en que el hombre vive su **energía masculina activa**, su impulso sexual y su iniciativa.

Cuando Marte ocupa una posición **dominante** en la carta astral, indica un temperamento **enérgico, impulsivo y resolutivo**. La persona es rápida en sus decisiones y acciones, valiente, autónoma, con un fuerte deseo de **imponerse por su propia fuerza**, a menudo sin rodeos ni delicadeza. Aunque puede carecer de tacto o sensibilidad, su **confianza en sí mismo**, su **determinación** y su **voluntad férrea** le conducen a menudo a **éxitos notables**, alcanzados a través de un **esfuerzo personal intenso** y sostenido.

LOS PLANETAS LENTOS

Júpiter

Con Júpiter se inicia la serie de los **planetas lentos**, cuya influencia es más global y estructural sobre la personalidad. Estos planetas no actúan de forma inmediata o superficial como los rápidos, sino que **orientan profundamente la trayectoria vital**, modulando y amplificando los rasgos previamente definidos.

Júpiter representa la **inserción del individuo en el mundo social**, su capacidad para **expresar y compartir** sus dones, para integrarse con éxito en los entornos colectivos y disfrutar de las oportunidades que le brinda la existencia. Es símbolo de **expansión, crecimiento, confianza y optimismo**. La influencia jupiteriana se manifiesta como **afabilidad, extroversión, inclinación al hedonismo** y un enfoque positivo ante los desafíos.

Conocido tradicionalmente como el **"astro de la fortuna"**, Júpiter suaviza las dificultades, amplifica las cualidades personales, y **favorece el reconocimiento y la autorrealización**. Estimula la **confianza en uno mismo**, el respeto hacia los demás, el gusto por la paz, la honestidad, el honor y la **lealtad hacia las normas** que rigen la convivencia. Aporta **sabiduría moral**, sentido de la **justicia**, y genera un magnetismo sereno que despierta simpatía y aprecio.

En el plano material, Júpiter influye sobre el **éxito financiero y profesional**, despertando el gusto por la comodidad, la abundancia y el bienestar. Se asocia con la **satisfacción vital**, la **generosidad**, la **tolerancia** y el respeto por las tradiciones. Es un planeta que **expande lo que toca**, tanto para bien como en exceso si no se equilibra con otros factores.

Cuando Júpiter ocupa una **posición dominante** en el tema natal, confiere un temperamento **amable, moral y benévolo**, que tiende a **atraer oportunidades** sin grandes esfuerzos. Estas personas son a menudo **respetadas y queridas**, poseen **sentido común**, una **visión positiva del futuro** y un talante **paternal o protector** hacia los demás.

Saturno

Saturno representa la **dimensión racional, madura y estructurada** del ser humano. A diferencia de la expansión jupiteriana, Saturno **confronta al individuo con los límites, los deberes y las realidades ineludibles** de la existencia. Es el planeta del **esfuerzo consciente, la introspección, la resistencia** y la necesidad de construir sobre bases firmes y realistas.

Símbolo de la **seriedad, la prudencia y la disciplina**, Saturno obliga a **reflexionar, planificar y actuar con responsabilidad**. Su energía induce a la **autoobservación**, al reconocimiento de las **dificultades** como parte del aprendizaje vital, y a adoptar una actitud **sobria y resiliente** frente a las adversidades. Favorece la **estructura mental, la capacidad de organización, el juicio lúcido y la perseverancia.**

Tradicionalmente considerado un **"planeta maléfico"** por su carácter restrictivo, en realidad Saturno es **esencial para alcanzar la madurez**. Enseña a asumir las consecuencias de los propios actos, a **diferenciar el deseo de la necesidad**, a **sacrificar el placer inmediato por metas duraderas**. Su presencia dominante puede moderar el entusiasmo o frenar los impulsos, pero a cambio otorga una profunda **fuerza interior**, capacidad de **concentración**, y sentido del **deber y la responsabilidad**.

Saturno otorga también **autoridad natural**, **determinación**, y una tendencia a mantenerse **reservado, austero e incluso solitario**, en función del resto del tema astral. Marca el tiempo de los **desafíos constructivos**, el momento en que la persona **se enfrenta consigo misma y con el mundo** sin máscaras ni excusas.

Cuando se encuentra en posición dominante, Saturno confiere un carácter **realista, exigente, reflexivo y perseverante**. Son personas que **planifican a largo plazo**, toleran la soledad si es necesaria para cumplir sus objetivos, y asumen con valentía las **renuncias y responsabilidades** que el crecimiento personal y profesional requieren. Es el planeta del **estoicismo**, de la **sabiduría adquirida con esfuerzo**, y del **poder discreto pero sólido**.

Saturno (conclusión)

La presencia de **Saturno** en una posición dominante dentro del tema natal confiere al individuo un carácter serio, autocontrolado, profundamente responsable y dotado de una perseverancia casi estoica. No se trata de una influencia ligera: Saturno estructura desde lo profundo, exigiendo coherencia, disciplina y compromiso a largo plazo. El saturnino no se entrega a la vida con frivolidad; la observa con mirada crítica, mide cada paso, examina cada posibilidad, siempre guiado por un principio de realidad que lo obliga a madurar, a ser fuerte, a sostenerse sin apoyos innecesarios.

Urano

Urano inaugura la serie de los **planetas transpersonales** o modernos, es decir, aquellos descubiertos mediante instrumentos ópticos a partir de la era moderna, y cuya influencia se manifiesta con **energía transformadora, ruptura y renovación**.

Representa la **voluntad súbita y resolutiva**, la capacidad de **tomar decisiones radicales** que cortan de raíz con lo que ya no sirve. Está asociado a los **cambios inesperados**, a la **rapidez de reacción**, al **pensamiento innovador** y a la necesidad de **romper estructuras obsoletas** para abrir camino a lo nuevo.

Urano actúa como una chispa que activa el impulso interior para realizar elecciones **valientes y revolucionarias**. Su energía está ligada a la **originalidad, la independencia, el pragmatismo oportuno**, y una actitud que desafía convenciones, buscando **libertad de expresión** y apertura a lo desconocido. Es el planeta de los **inventores, reformadores y espíritus libres**, aquellos que transforman lo establecido con una visión distinta.

En el tema natal, Urano muestra cómo una persona expresa su **individualidad irrepetible** y cómo reacciona ante la necesidad de **tomar las riendas de su destino**. Su ubicación revela el grado de adaptabilidad frente a los cambios, así como la **capacidad de actuar rápida y decisivamente**.

Cuando ocupa una posición dominante, Urano confiere una **personalidad magnética, imprevisible, independiente y audaz**. El nativo busca romper con el pasado, reinventarse y **marcar su diferencia**. A menudo vive **giros imprevistos o cambios de rumbo radicales**, con una existencia marcada por la **renovación constante y la inconformidad constructiva**.

Neptuno

Neptuno representa el **proceso de transformación interior**, la apertura a planos de realidad más sutiles y espirituales. Es un **planeta colectivo** que pone al ser humano en contacto con las **corrientes invisibles del mundo**, con los sueños, lo intangible, lo lejano, lo ideal.

Simbólicamente vinculado al **misticismo, la intuición, la empatía, el arte y la espiritualidad**, Neptuno despierta preguntas esenciales, deseos de trascendencia y búsquedas de sentido más allá de las normas ordinarias. Representa tanto la **inspiración sublime** como la **evasión ilusoria**: lo mágico, lo visionario, pero también lo confuso o engañoso.

En su expresión más elevada, Neptuno afina la sensibilidad, enriquece la imaginación, estimula la creatividad, el arte, la compasión y la percepción extrasensorial. Pero si no hay equilibrio, puede derivar en **fanatismo, melancolía, engaño, inseguridad emocional o dependencia afectiva**. La realidad puede parecer borrosa bajo su influencia, como envuelta en una niebla seductora pero ambigua.

Cuando Neptuno domina el tema astral, la persona posee una **profunda vida interior, gran receptividad emocional, un mundo de sueños e ideales**, pero también puede carecer de sentido práctico, ser sugestionable o experimentar períodos de **tristeza inexplicable y fuga de la realidad**. Su alma vibra con los cambios del mundo y se deja llevar por corrientes invisibles, a veces sin anclas.

Plutón

Plutón es el planeta más lejano de nuestro sistema solar y el último en ser descubierto, por lo que es también el **más joven en la tradición astrológica**. Sin embargo, su influencia es de una **intensidad excepcional**, pues actúa en las **profundidades de la psique** y de los procesos de transformación radical.

Simboliza las **fuerzas ocultas, los impulsos vitales, la destrucción y regeneración**, el poder de morir simbólicamente y **renacer con más fuerza**. Plutón representa los **procesos inevitables de cambio profundo**, las **crisis existenciales**, el poder interior que surge tras confrontar la **sombra y los miedos más íntimos**.

Está vinculado con el **sexo, el inconsciente, la pulsión de vida y de muerte**, y también con la **voluntad de poder**, el **magnetismo personal** y la capacidad de **transformar la realidad desde dentro**. En sus aspectos positivos, aporta **resiliencia, profundidad emocional, capacidad de influencia y renacimiento**. En sus aspectos sombríos, puede conducir al **narcisismo, al control obsesivo, a la manipulación o a la destrucción autoinfligida**.

Plutón también habla de la **relación con el placer, el dominio, la verdad oculta, los secretos del alma**, y puede señalar tanto **bloqueos internos** como **dones latentes** que esperan emerger.

Cuando Plutón es dominante en el tema natal, confiere una **personalidad intensa, enigmática, poderosa**, a menudo marcada por experiencias de **ruptura, transformación o crisis profundas** que la llevan a **renacer con nuevas fuerzas**. Esta persona posee un **gran poder de regeneración**, una **voluntad indomable** y una **capacidad de influencia sobre los demás** que puede manifestarse como carisma, fascinación o intimidación. Vive la vida como un proceso alquímico en el que cada etapa de destrucción prepara el camino para un renacer más pleno.

ARIES

Descubra aquí en qué signo se encontraban los planetas lentos el año de su nacimiento.

Plutón

del 1940 al 1957	: Leo
1958: Véase del 11/4	: Leo
del 1959 al 1971	: Virgo
del 1972 al 1983	: Libra
del 1984 al 1994	: Esc.
del 1995 al 2009	: Sag.
del 2009 al 2023	: Capr.

Neptuno

del 1917 al 1929	: Leo
del 1930 al 1942	: Virgo
1943: Lib. del 17/4	: Virgo
del 1944 al 1956	: Libra
del 1957 al 1969	: Esc.
del 1970 al 1983	: Sag.
del 1984 al 1997	: Capr.
del 1998 al 2012	: Ac.

Urano

del 1912-31/3/1919	: Ac.
del 1/4/19-30/3/27	: Piscis
del 31/3/27-27/3/35	: Aries
del 28/3/35-1942	: Tauro
del 1943 al 1949	: Gém.
del 1950 al 1956	: Cáncer
del 1957 al 1962	: Leo
del 1963 al 1968	: Virgo
del 1969 al 1974	: Libra
del 1975 al 1981	: Esc.
del 1982 al 1987	: Sag.
del 1988 al 31/3/95	: Capr.
del 1996 al 2003	: Ac.
del 2003 al 2011	: Piscis

Saturno

del 1911 al 25/3/13	: Tauro
del 26/3/13 al 1915	: Gém.
del 1916 al 1917	: Cáncer
del 1918 al 1919	: Leo
del 1920 al 1921	: Virgo
del 1922 al 1923	: Libra
1924: Esc. del 6/4	: Libra
del 1925 al 1926	: Esc.
del 1927 al 1928	: Sag.
del 1929 al 1931	: Capr.
del 1932 al 1934	: Ac.
del 1935 al 1937	: Piscis
del 1938 al 1939	: Aries
del 1940 al 1942	: Tauro
del 1943 al 1944	: Gém.
del 1945 al 1946	: Cáncer
del 1947 al 1948	: Leo
1949: Vir. del 31/4	: Leo
del 1950 al 1951	: Virgo
del 1952 al 1953	: Libra
del 1954 al 1955	: Esc.
del 1956 al 1958	: Sag.
del 1959 al 1961	: Capr.
del 1962 al 23/3/64	: Ac.
del 24/3/64 al 1966	: Piscis
del 1967 al 1969	: Aries
del 1970 al 1971	: Tauro
del 1972 al 17/4/74	: Gém.
del 18/4/74 al 1976	: Cáncer
del 1977 al 1978	: Leo
del 1979 al 1980	: Virgo
del 1981 al 1982	: Libra
del 1983 al 1985	: Esc.
del 1986 al 1987	: Sag.
del 1988 al 1990	: Capr.
del 1991 al 1993	: Ac.
del 1994 al 6/4/96	: Piscis
del 7/4/96 al 1998	: Aries
1999	: Tauro
del 1/3/99 al 20/4/01	: Géminis
del 20/4/01 al 22/4/05	: Cáncer
del 22/4/05 al 2/9/07	: Leo
del 2/9/07 al 29/10/09	: Virgo

Júpiter

1910	: Libra
1911	: Escorpio
1912	: Sagitario
1913	: Capricornio
1914	: Acuario
1915	: Piscis
1916	: Aries
1917	: Tauro
1918	: Géminis
1919	: Cáncer
1920	: Leo
1921	: Virgo
1922	: Libra
1923	: Escorpio
1924	: Sagitario
1925	: Capricornio
1926	: Acuario
1927	: Piscis
1928	: Aries
1929	: Tauro
1930	: Géminis
1931	: Cáncer
1932	: Leo
1933	: Virgo
1934	: Libra
1935	: Escorpio
1936	: Sagitario
1937	: Capricornio
1938	: Acuario
1939	: Piscis
1940	: Aries
1941	: Tauro
1942	: Géminis
1943	: Cáncer
1944	: Leo
1945	: Virgo
1946	: Libra
1947	: Escorpio
1948	: Sagitario
1949	: Capricornio
del 12/4	: Acuario
1950	: Acuario
1951	: Piscis
1952	: Aries
1953	: Tauro
1954	: Géminis
1955	: Cáncer
1956	: Leo
1957	: Virgo
1958	: Libra
1959	: Sagitario
1960	: Capricornio
1961	: Acuario
1962	: Acuario
del 25/3	: Piscis
1963	: Piscis
del 4/4	: Aries
1964	: Aries
del 12/4	: Tauro
1965	: Tauro
1966	: Géminis
1967	: Cáncer
1968	: Leo
1969	: Libra
del 30/3	: Virgo
1970	: Escorpio
1971	: Sagitario
1972	: Capricornio
1973	: Acuario
1974	: Piscis
1975	: Aries
1976	: Aries
del 26/3	: Tauro
1977	: Tauro
del 3/4	: Géminis
1978	: Géminis
del 12/4	: Cáncer
1979	: Cáncer
1980	: Virgo
1981	: Libra
1982	: Escorpio
1983	: Sagitario
1984	: Capricornio
1985	: Acuario
1986	: Piscis
1987	: Aries
1988	: Tauro
1989	: Géminis
1990	: Cáncer
1991	: Leo
1992	: Virgo
1993	: Libra
1994	: Escorpio
1995	: Sagitario
1996	: Capricornio
1997	: Acuario
1998	: Piscis
1999	: Aries
2000	: Tauro
del 1/7	: Géminis
2001	: Géminis
del 12/7	: Cáncer
2002	: Cáncer
del 1/8	: Leo
2003	: Leo
del 27/8	: Virgo
2004	: Virgo
del 25/9	: Libra
2005	: Libra
del 26/10	: Escorpio
2006	: Escorpio
del 24/11	: Sagitario
2007	: Sagitario
del 18/12	: Capricornio

TAURO

Descubra aquí en qué signo se encontraban los planetas lentos el año de su nacimiento.

Plutón

del 1940 al 1958	: Leo
del 1959 al 1972	: Virgo
del 1973 al 1983	: Libra
del 1984 al 1994	: Esc.
del 1995 al 2009	: Sag.
del 2009 al 2023	: Capr.

Neptuno

del 2/5/16 al 1929	: Leo
del 1930 al 1943	: Virgo
del 1944 al 1956	: Libra
del 1957 al 1969	: Esc.
1970: Sag. del 3/5	: Esc.
del 1971 al 1983	: Sag.
del 1984 al 1997	: Capr.
del 1998 al 2012	: Ac.

Urano

del 1912 al 1918	: Ac.
del 1919 al 1926	: Piscis
del 1927 al 1934	: Aries
del 1935 al 14/4/42	: Tauro
del 15/4/42 al 1949	: Gém.
del 1950 al 1956	: Cánc.
del 1957 al 1962	: Leo
del 1963 al 1968	: Virgo
del 1969 al 1974	: Libra
1975: Esc. del 1/5	: Libra
del 1976 al 1981	: Esc.
del 1982 al 1987	: Sag.
del 1988 al 1995	: Capr.
del 1996 al 2003	: Ac.
del 2003 al 2011	: Piscis

Saturno

del 17/5/10 al 1912	: Tauro
del 1913 al 10/5/15	: Gém.
del 11/5/15 al 1917	: Cáncer
del 1918 al 1919	: Leo
del 1920 al 1921	: Virgo
del 1922 al 1924	: Libra
del 1925 al 1926	: Esc.
del 1927 al 1928	: Sag.
1929: Capr. del 5/5	: Sag.
del 1930 al 1931	: Capr.
del 1932 al 1934	: Ac.
del 1935 al 24/4/37	: Piscis
del 25/4/37 al 1939	: Aries
del 1940 al 7/5/42	: Tauro
del 8/5/42 al 1944	: Gém.
del 1945 al 1946	: Cáncer
del 1947 al 1949	: Leo
del 1950 al 1951	: Virgo
del 1952 al 1953	: Libra
del 1954 al 1955	: Esc.
del 1956 al 1958	: Sag.
del 1959 al 1961	: Capr.
del 1962 al 1963	: Ac.
del 1964 al 1966	: Piscis
del 1967 al 28/4/69	: Aries
del 29/4/69 al 1971	: Tauro
del 1972 al 17/4/74	: Gém.
del 18/4/74 al 1976	: Cánc.
del 1977 al 1978	: Leo
del 1979 al 1980	: Virgo
del 1981 al 1982	: Libra
1983: Esc. del 6/5	: Libra
del 1984 al 1985	: Esc.
del 1986 al 1987	: Sag.
del 1988 al 1990	: Cánc.
del 1991 al 1993	: Ac.
del 1994 al 1995	: Piscis
del 1996 al 1998	: Aries
1999	: Tauro
del 1/3/99 al 20/4/01	: Géminis
del 20/4/01 al 22/4/05	: Cáncer
del 22/4/05 al 2/9/07	: Leo
del 2/9/07 al 29/10/09	: Virgo

Júpiter

1912	: Sagitario
1913	: Capricornio
1914	: Acuario
1915	: Piscis
1916	: Aries
1917	: Tauro
1918	: Géminis
1919	: Cáncer
1920	: Leo
1921	: Virgo
1922	: Libra
1923	: Escorpio
1924	: Sagitario
1925	: Capricornio
1926	: Acuario
1927	: Piscis
1928	: Aries
1929	: Tauro
1930	: Géminis
1931	: Cáncer
1932	: Leo
1933	: Virgo
1934	: Libra
1935	: Escorpio
1936	: Sagitario
1937	: Capricornio
1938	: Acuario
del 14/5	: Piscis
1939	: Piscis
del 11/5	: Aries
1940	: Aries
del 16/5	: Tauro
1941	: Tauro
1942	: Géminis
1943	: Cáncer
1944	: Leo
1945	: Virgo
1946	: Libra
1947	: Escorpio
1948	: Sagitario
1949	: Acuario
1950	: Piscis
1951	: Piscis
del 21/4	: Aries
1952	: Aries
del 28/4	: Tauro
1953	: Tauro
del 9/5	: Géminis
1954	: Géminis
1955	: Cáncer
1956	: Leo
1957	: Virgo
1958	: Libra
1959	: Sagitario
del 24/4	: Escorpio
1960	: Capricornio
1961	: Acuario
1962	: Piscis
1963	: Aries
1964	: Tauro
1965	: Tauro
del 22/4	: Géminis
1966	: Géminis
del 5/5	: Cáncer
1967	: Cáncer
1968	: Leo
1969	: Virgo
1970	: Escorpio
del 30/4	: Libra
1971	: Sagitario
1972	: Capricornio
1973	: Acuario
1974	: Piscis
1975	: Aries
1976	: Tauro
1977	: Géminis
1978	: Cáncer
1979	: Leo
1980	: Virgo
1981	: Libra
1982	: Escorpio
1983	: Sagitario
1984	: Capricornio
1985	: Acuario
1986	: Piscis
1987	: Aries
1988	: Tauro
1989	: Géminis
1990	: Cáncer
1991	: Leo
1992	: Virgo
1993	: Libra
1994	: Escorpio
1995	: Sagitario
1996	: Capricornio
1997	: Acuario
1998	: Piscis
1999	: Aries
2000	: Tauro
del 1/7	: Géminis
2001	: Géminis
del 12/7	: Cáncer
2002	: Cáncer
del 1/8	: Leo
2003	: Leo
del 27/8	: Virgo
2004	: Virgo
del 25/9	: Libra
2005	: Libra
del 26/10	: Escorpio
2006	: Escorpio
del 24/11	: Sagitario
2007	: Sagitario
del 18/12	: Capricornio

GÉMINIS

Descubra aquí en qué signo se encontraban los planetas lentos el año de su nacimiento.

Plutón

del 14/6/39-10/6/58	: Leo
del 11/6/58 al 1972	: Virgo
del 1973 al 1984	: Libra
del 1985 al 1994	: Esc.
del 1995 al 2009	: Sag.
del 2009 al 2023	: Capr.

Neptuno

del 1916 al 1929	: Leo
del 1930 al 1943	: Virgo
del 1944 al 1956	: Libra
1957 Esc. del 16/6	: Libra
del 1958 al 1970	: Esc.
del 1971 al 1983	: Sag.
del 1984 al 1997	: Capr.
del 1998 al 2012	: Ac.

Urano

del 1912 al 1918	: Ac.
del 1919 al 1926	: Piscis
del 1927 al 6/6/34	: Aries
del 7/6/34 al 1941	: Tauro
del 1942 al 9/6/49	: Gém.
del 10/6/49-9/6/56	: Cáncer
del 10/6/56 al 1962	: Leo
del 1963 al 1969	: Virgo
del 1970 al 1975	: Libra
del 1976 al 1981	: Esc.
del 1982 al 1987	: Sag.
1988 Capr. del 27/5	: Sag.
del 1989 al 1994	: Capr.
1995 Ac. del 9/6	: Capr.
del 1996 al 2003	: Ac.
del 2003 al 2011	: Piscis

Saturno

del 1910 al 1912	: Tauro
del 1913 al 1914	: Gém.
del 1915 al 1917	: Cáncer
del 1918 al 1919	: Leo
del 1920 al 1921	: Virgo
del 1922 al 1924	: Libra
del 1925 al 1926	: Esc.
del 1927 al 1929	: Sag.
del 1930 al 1931	: Capr.
del 1932 al 1934	: Ac.
del 1935 al 1936	: Piscis
del 1937 al 1939	: Aries
del 1940 al 1941	: Tauro
del 1942 al 1944	: Gém.
del 1945 al 1946	: Cáncer
del 1947 al 28/5/49	: Leo
del 29/5/49 al 1951	: Virgo
del 1952 al 1953	: Libra
del 1954 al 1956	: Esc.
del 1957 al 1958	: Sag.
del 1959 al 1961	: Capr.
del 1962 al 1963	: Ac.
del 1964 al 1966	: Piscis
del 1967 al 1968	: Aries
del 1969 al 18/6/71	: Tauro
del 19/6/71 al 1973	: Gém.
del 1974 al 4/6/76	: Cáncer
del 5/6/76 al 1978	: Leo
del 1979 al 1980	: Virgo
del 1981 al 1983	: Libra
del 1984 al 1985	: Esc.
del 1986 al 1987	: Sag.
1988 Capr. del 10/6	: Sag.
del 1989 al 1990	: Capr.
del 1991 al 20/5/93	: Ac.
del 21/5/93 al 1995	: Piscis
del 1996 al 8/6/98	: Aries
del 9/6/98 al 1/3/99	: Tauro
del 1/3/99 al 20/4/01	: Géminis
del 20/4/01 al 22/4/05	: Cáncer
del 22/4/05 al 2/9/07	: Leo
del 2/9/07 al 29/10/09	: Virgo

Júpiter

1913	: Capricornio
1914	: Acuario
1915	: Piscis
1916	: Aries
1917	: Tauro
1918	: Géminis
1919	: Cáncer
1920	: Leo
1921	: Virgo
1922	: Libra
1923	: Escorpio
1924	: Sagitario
1925	: Capricornio
1926	: Acuario
1927	: Piscis
del 6/6	: Aries
1928	: Aries
del 4/6	: Tauro
1929	: Tauro
del 12/6	: Géminis
1930	: Géminis
1931	: Cáncer
1932	: Leo
1933	: Virgo
1934	: Libra
1935	: Escorpio
1936	: Sagitario
1937	: Capricornio
1938	: Piscis
1939	: Aries
1940	: Tauro
1941	: Tauro
del 26/5	: Géminis
1942	: Géminis
del 10/6	: Cáncer
1943	: Cáncer
1944	: Leo
1945	: Virgo
1946	: Libra
1947	: Escorpio
1948	: Sagitario
1949	: Acuario
1950	: Piscis
1951	: Aries
1952	: Tauro
1953	: Géminis
1954	: Géminis
del 24/5	: Cáncer
1955	: Cáncer
del 13/6	: Leo
1956	: Leo
1957	: Virgo
1958	: Libra
1959	: Escorpio
1960	: Capricornio
del 10/6	: Sagitario
1961	: Acuario
1962	: Piscis
1963	: Aries
1964	: Tauro
1965	: Géminis
1966	: Cáncer
1967	: Cáncer
del 23/5	: Leo
1968	: Leo
del 15/6	: Virgo
1969	: Virgo
1970	: Libra
1971	: Sagitario
del 5/6	: Escorpio
1972	: Capricornio
1973	: Acuario
1974	: Piscis
1975	: Aries
1976	: Tauro
1977	: Géminis
1978	: Cáncer
1979	: Leo
1980	: Virgo
1981	: Libra
1982	: Escorpio
1983	: Sagitario
1984	: Capricornio
1985	: Acuario
1986	: Piscis
1987	: Aries
1988	: Tauro
1989	: Géminis
1990	: Cáncer
1991	: Leo
1992	: Virgo
1993	: Libra
1994	: Escorpio
1995	: Sagitario
1996	: Capricornio
1997	: Acuario
1998	: Piscis
1999	: Aries
2000	: Tauro
del 1/7	: Géminis
2001	: Géminis
del 12/7	: Cáncer
2002	: Cáncer
del 1/8	: Leo
2003	: Leo
del 27/8	: Virgo
2004	: Virgo
del 25/9	: Libra
2005	: Libra
del 26/10	: Escorpio
2006	: Escorpio
del 24/11	: Sagitario
2007	: Sagitario
del 18/12	: Capricornio

CÁNCER

Descubra aquí en qué signo se encontraban los planetas lentos el año de su nacimiento.

Plutón

del 1939 al 1957	: Leo.
del 1958 al 1972	: Virgo
del 1973 al 1984	: Libra
del 1985 al 1994	: Esc.
del 1995 al 2009	: Sag.
del 2009 al 2023	: Capr.

Neptuno

del 20/7/15 al 1929	: Leo
del 1930 al 1943	: Virgo
del 1944 al 1957	: Libra
del 1958 al 1970	: Esc.
del 1971 al 1983	: Sag.
1984: Capr. del 23/6	: Sag.
del 1985 al 1997	: Capr.
del 1998 al 2012	: Ac.

Urano

del 1912 al 1918	: Ac.
del 1919 al 1926	: Piscis
del 1927 al 1933	: Aries
del 1934 al 1941	: Tauro
del 1942 al 1948	: Gém.
del 1949 al 1955	: Cáncer
del 1956 al 1962	: Leo
del 1963 al 23/6/69	: Virgo
del 24/6/69 al 1975	: Libra
del 1976 al 1981	: Esc.
del 1982 al 1988	: Sag.
del 1989 al 1995	: Capr.
del 1996 al 2003	: Ac.
del 2003 al 2011	: Piscis

Saturno

del 1910 al 6/7/12	: Tauro
del 7/7/12 al 1914	: Gém.
del 1915 al 24/6/17	: Cáncer
del 25/6/17 al 1919	: Leo
del 1920 al 1921	: Virgo
del 1922 al 1924	: Libra
del 1925 al 1926	: Esc.
del 1927 al 1929	: Sag.
del 1930 al 1931	: Capr.
del 1932 al 1934	: Ac.
del 1935 al 1936	: Piscis
del 1937 al 5/7/39	: Aries
del 6/7/39 al 1941	: Tauro
del 1942 al 1943	: Gém.
del 1944 al 1946	: Cáncer
del 1947 al 1948	: Leo
del 1949 al 1951	: Virgo
del 1952 al 1953	: Libra
del 1954 al 1956	: Esc.
del 1957 al 1958	: Sag.
del 1959 al 1961	: Capr.
del 1962 al 1963	: Ac.
del 1964 al 1966	: Piscis
del 1967 al 1968	: Aries
del 1969 al 1970	: Tauro
del 1971 al 1973	: Gém.
del 1974 al 1975	: Cáncer
del 1976 al 1978	: Leo
del 1979 al 1980	: Virgo
del 1981 al 1983	: Libra
del 1984 al 1985	: Esc.
del 1986 al 1988	: Sag.
del 1989 al 1990	: Capr.
del 1991 al 1992	: Ac.
1993: Pisc. del 30/6	: Ac.
del 1994 al 1995	: Piscis
del 1996 al 1997	: Aries
del 1998 al 1/3/99	: Tauro
del 1/3/99 al 20/4/01	: Géminis
del 20/4/01 al 22/4/05	: Cáncer
del 22/4/05 al 2/9/07	: Leo
del 2/9/07 al 29/10/09	: Virgo

Júpiter

1911	: Escorpio
1912	: Sagitario
1913	: Capricornio
1914	: Acuario
1915	: Piscis
1916	: Aries
del 26/6	: Tauro
1917	: Tauro
del 30/6	: Géminis
1918	: Géminis
del 13/7	: Cáncer
1919	: Cáncer
1920	: Leo
1921	: Virgo
1922	: Libra
1923	: Escorpio
1924	: Sagitario
1925	: Capricornio
1926	: Acuario
1927	: Aries
1928	: Tauro
1929	: Géminis
1930	: Géminis
del 27/6	: Cáncer
1931	: Cáncer
del 17/7	: Leo
1932	: Leo
1933	: Virgo
1934	: Libra
1935	: Escorpio
1936	: Sagitario
1937	: Capricornio
1938	: Piscis
1939	: Aries
1940	: Tauro
1941	: Géminis
1942	: Cáncer
1943	: Cáncer
del 1/7	: Leo
1944	: Leo
1945	: Virgo
1946	: Libra
1947	: Escorpio
1948	: Sagitario
1949	: Acuario
del 28/6	: Capricornio
1950	: Piscis
1951	: Aries
1952	: Tauro
1953	: Géminis
1954	: Cáncer
1955	: Leo
1956	: Leo
del 18/7	: Virgo
1957	: Virgo
1958	: Libra
1959	: Escorpio
1960	: Sagitario
1961	: Acuario
1962	: Piscis
1963	: Aries
1964	: Tauro
1965	: Géminis
1966	: Cáncer
1967	: Leo
1968	: Virgo
1969	: Virgo
del 16/7	: Libra
1970	: Libra
1971	: Escorpio
1972	: Capricornio
1973	: Acuario
1974	: Piscis
1975	: Aries
1976	: Tauro
1977	: Géminis
1978	: Cáncer
1979	: Leo
1980	: Virgo
1981	: Libra
1982	: Escorpio
1983	: Sagitario
1984	: Capricornio
1985	: Acuario
1986	: Piscis
1987	: Aries
1988	: Tauro
1989	: Géminis
1990	: Cáncer
1991	: Leo
1992	: Virgo
1993	: Libra
1994	: Escorpio
1995	: Sagitario
1996	: Capricornio
1997	: Acuario
1998	: Piscis
1999	: Aries
del 28/6	: Tauro
2000	: Tauro
del 30/6	: Géminis
del 1/7	: Géminis
2001	: Géminis
del 12/7	: Cáncer
2002	: Cáncer
del 1/8	: Leo
2003	: Leo
del 27/8	: Virgo
2004	: Virgo
del 25/9	: Libra
2005	: Libra
del 26/10	: Escorpio
2006	: Escorpio
del 24/11	: Sagitario
2007	: Sagitario
del 18/12	: Capricornio

LEO

Descubra aquí en qué signo se encontraban los planetas lentos el año de su nacimiento.

Plutón

del 4/8/38-18/8/57	: Leo
del 19/8/57-30/7/72	: Virgo
del 31/7/72 al 1984	: Libra
del 1985 al 1994	: Esc.
del 1995 al 2009	: Sag.
del 2009 al 2023	: Capr.

Neptuno

del 1915 al 24/7/29	: Leo
del 25/7/29-2/8/43	: Virgo
del 3/8/43 al 5/8/57	: Libra
del 6/8/57 al 1970	: Esc.
del 1971 al 1984	: Sag.
del 1985 al 1997	: Capr.
del 1998 al 2012	: Ac.

Urano

del 1912 al 1918	: Ac.
1919: Pisc. del 17/8	: Ac.
del 1920 al 1926	: Piscis
del 1927 al 1933	: Aries
del 1934 al 7/8/41	: Tauro
del 8/8/41 al 1948	: Gém.
del 1949 al 1955	: Cáncer
del 1956 al 9/8/62	: Leo
del 10/8/62 al 1968	: Virgo
del 1969 al 1975	: Libra
del 1976 al 1981	: Esc.
del 1982 al 1988	: Sag.
del 1989 al 1995	: Capr.
del 1996 al 2003	: Ac.
del 2003 al 2011	: Piscis

Saturno

del 1910 al 1911	: Tauro
del 1912 al 1914	: Gém.
del 1915 al 1916	: Cáncer
del 1917 al 12/8/19	: Leo
del 13/8/19 al 1921	: Virgo
del 1922 al 1924	: Libra
del 1925 al 1926	: Esc.
del 1927 al 1929	: Sag.
del 1930 al 1931	: Capr.
1932: Ac. del 31/8	: Capr.
del 1933 al 1934	: Ac.
del 1935 al 1936	: Piscis
del 1937 al 1938	: Aries
del 1939 al 1941	: Tauro
del 1942 al 1943	: Gém.
del 1944 al 2/8/46	: Cáncer
del 3/8/46 al 1948	: Leo
del 1949 al 13/8/51	: Virgo
del 14/8/51 al 1953	: Libra
del 1954 al 1956	: Esc.
del 1957 al 1958	: Sag.
del 1959 al 1961	: Capr.
del 1962 al 1963	: Ac.
del 1964 al 1966	: Piscis
del 1967 al 1968	: Aries
del 1969 al 1970	: Tauro
del 1971 al 1/8/73	: Gém.
del 2/8/73 al 1975	: Cáncer
del 1976 al 26/7/78	: Leo
del 26/7/78 al 1980	: Virgo
del 1981 al 1983	: Libra
del 1984 al 1985	: Esc.
del 1986 al 1988	: Sag.
del 1989 al 1990	: Capr.
del 1991 al 1993	: Ac.
del 1994 al 1995	: Piscis
del 1996 al 1997	: Aries
del 1998 al 1/3/1999	: Tauro
del 1/3/99 al 20/4/01	: Géminis
del 20/4/01 al 22/4/05	: Cáncer
del 22/4/05 al 2/9/07	: Leo
del 2/9/07 al 29/10/09	: Virgo

Júpiter

1911	: Escorpio
1912	: Sagitario
1913	: Capricornio
1914	: Acuario
1915	: Piscis
1916	: Tauro
1917	: Géminis
1918	: Cáncer
1919	: Cáncer
del 2/8	: Leo
1920	: Leo
1921	: Virgo
1922	: Libra
1923	: Escorpio
1924	: Sagitario
1925	: Capricornio
1926	: Acuario
1927	: Aries
1928	: Tauro
1929	: Géminis
1930	: Cáncer
1931	: Leo
1932	: Leo
del 11/8	: Virgo
1933	: Virgo
1934	: Libra
1935	: Escorpio
1936	: Sagitario
1937	: Capricornio
1938	: Piscis
del 30/7	: Acuario
1939	: Aries
1940	: Tauro
1941	: Géminis
1942	: Cáncer
1943	: Leo
1944	: Leo
del 16/7	: Virgo
1945	: Virgo
1946	: Libra
1947	: Escorpio
1948	: Sagitario
1949	: Capricornio
1950	: Piscis
1951	: Aries
1952	: Tauro
1953	: Géminis
1954	: Cáncer
1955	: Leo
1956	: Virgo
1957	: Virgo
del 7/8	: Libra
1958	: Libra
1959	: Escorpio
1960	: Sagitario
1961	: Acuario
del 12/8	: Capricornio
1962	: Piscis
1963	: Aries
1964	: Tauro
1965	: Géminis
1966	: Cáncer
1967	: Leo
1968	: Virgo
1969	: Libra
1970	: Libra
del 16/8	: Escorpio
1971	: Escorpio
1972	: Capricornio
del 25/7	: Sagitario
1973	: Acuario
1974	: Piscis
1975	: Aries
1976	: Tauro
1977	: Géminis
del 20/8	: Cáncer
1978	: Cáncer
1979	: Leo
1980	: Virgo
1981	: Libra
1982	: Escorpio
1983	: Sagitario
1984	: Capricornio
1985	: Acuario
1986	: Piscis
1987	: Aries
1988	: Géminis
1989	: Géminis
del 31/7	: Cáncer
1990	: Cáncer
del 18/8	: Leo
1991	: Leo
1992	: Virgo
1993	: Libra
1994	: Escorpio
1995	: Sagitario
1996	: Capricornio
1997	: Acuario
1998	: Piscis
1999	: Tauro
2000	: Géminis
del 1/7	: Géminis
2001	: Géminis
del 12/7	: Cáncer
2002	: Cáncer
del 1/8	: Leo
2003	: Leo
del 27/8	: Virgo
2004	: Virgo
del 25/9	: Libra
2005	: Libra
del 26/10	: Escorpio
2006	: Escorpio
del 24/11	: Sagitario
2007	: Sagitario
del 18/12	: Capricornio

VIRGO

Descubra aquí en qué signo se encontraban los planetas lentos el año de su nacimiento.

Plutón

del 1938 al 1956	: Leo
del 1957 al 1971	: Virgo
del 1972 al 27/9/84	: Libra
del 28/9/84 al 1994	: Esc.
del 1995 al 2009	: Sag.
del 2009 al 2023	: Capr.

Neptuno

del 1915 al 21/9/28	: Leo
del 22/9/28 al 1942	: Virgo
del 1943 al 1956	: Libra
del 1957 al 1970	: Esc.
del 1971 al 1984	: Sag.
del 1985 al 1997	: Capr.
del 1998 al 2012	: Ac.

Urano

del 1912 al 1919	: Ac.
del 1920 al 1926	: Piscis
del 1927 al 1933	: Aries
del 1934 al 1940	: Tauro
del 1941 al 30/8/48	: Gém.
del 31/8/48 al 24/8/55	: Cáncer
del 25/8/55 al 1961	: Leo
del 1962 al 1968	: Virgo
del 1969 al 7/9/75	: Libra
del 8/9/75 al 1981	: Esc.
del 1982 al 1988	: Sag.
del 1989 al 1995	: Capr.
del 1996 al 2003	: Ac.
del 2003 al 2011	: Piscis

Saturno

del 1910 al 1911	: Tauro
del 1912 al 1913	: Gém.
del 1914 al 1916	: Cáncer
del 1917 al 1918	: Leo
del 1919 al 1921	: Virgo
del 1922 al 13/9/24	: Libra
del 14/9/24 al 1926	: Esc.
del 1927 al 1929	: Sag.
del 1930 al 1932	: Capr.
del 1933 al 1934	: Ac.
del 1935 al 1936	: Piscis
del 1937 al 1938	: Aries
del 1939 al 1941	: Tauro
del 1942 al 1943	: Gém.
del 1944 al 1945	: Cáncer
del 1946 al 18/9/48	: Leo
del 19/9/48 al 1950	: Virgo
del 1951 al 1953	: Libra
del 1954 al 1956	: Esc.
del 1957 al 1958	: Sag.
del 1959 al 1961	: Capr.
del 1962 al 1963	: Ac.
del 1964 al 1966	: Piscis
del 1967 al 1968	: Aries
del 1969 al 1970	: Tauro
del 1971 al 1972	: Gém.
del 1973 al 16/9/75	: Cáncer
del 17/9/75 al 1977	: Leo
del 1978 al 1980	: Virgo
del 1981 al 1982	: Libra
del 1983 al 1985	: Esc.
del 1986 al 1988	: Sag.
del 1989 al 1990	: Capr.
del 1991 al 1993	: Ac.
del 1994 al 1995	: Piscis
del 1996 al 1997	: Aries
del 1998 al 1999	: Tauro
del 1/3/99 al 20/4/01	: Géminis
del 20/4/01 al 22/4/05	: Cáncer
del 22/4/05 al 2/9/07	: Leo
del 2/9/07 al 29/10/09	: Virgo

Júpiter

1908	: Leo
del 12/9	: Virgo
1909	: Virgo
1910	: Libra
1911	: Escorpio
1912	: Sagitario
1913	: Capricornio
1914	: Acuario
1915	: Piscis
1916	: Tauro
1917	: Géminis
1918	: Cáncer
1919	: Leo
1920	: Leo
del 27/8	: Virgo
1921	: Virgo
1922	: Libra
1923	: Escorpio
1924	: Sagitario
1925	: Capricornio
1926	: Acuario
1927	: Aries
1928	: Tauro
1929	: Géminis
1930	: Cáncer
1931	: Leo
1932	: Virgo
1933	: Virgo
del 10/9	: Libra
1934	: Libra
1935	: Escorpio
1936	: Sagitario
1937	: Capricornio
1938	: Acuario
1939	: Aries
1940	: Tauro
1941	: Géminis
1942	: Cáncer
1943	: Leo
1944	: Virgo
1945	: Virgo
del 25/8	: Libra
1946	: Libra
1947	: Escorpio
1948	: Sagitario
1949	: Capricornio
1950	: Piscis
del 15/9	: Acuario
1951	: Aries
1952	: Tauro
1953	: Géminis
1954	: Cáncer
1955	: Leo
1956	: Virgo
1957	: Libra
1958	: Libra
del 7/9	: Escorpio
1959	: Escorpio
1960	: Sagitario
1961	: Capricornio
1962	: Piscis
1963	: Aries
1964	: Tauro
1965	: Géminis
del 21/9	: Cáncer
1966	: Cáncer
1967	: Leo
1968	: Virgo
1969	: Libra
1970	: Escorpio
1971	: Escorpio
del 12/9	: Sagitario
1972	: Sagitario
1973	: Acuario
1974	: Piscis
1975	: Aries
1976	: Géminis
1977	: Cáncer
1978	: Cáncer
del 5/9	: Leo
1979	: Leo
1980	: Virgo
1981	: Libra
1982	: Escorpio
1983	: Sagitario
1984	: Capricornio
1985	: Acuario
1986	: Piscis
1987	: Aries
1988	: Géminis
1989	: Cáncer
1990	: Leo
1991	: Leo
del 12/9	: Virgo
1992	: Virgo
1993	: Libra
1994	: Escorpio
1995	: Sagitario
1996	: Capricornio
1997	: Acuario
1998	: Piscis
1999	: Tauro
2000	: Géminis
del 1/7	: Géminis
2001	: Géminis
del 12/7	: Cáncer
2002	: Cáncer
del 1/8	: Leo
2003	: Leo
del 27/8	: Virgo
2004	: Virgo
del 25/9	: Libra
2005	: Libra
del 26/10	: Escorpio
2006	: Escorpio
del 24/11	: Sagitario
2007	: Sagitario
del 18/12	: Capricornio

LIBRA

Descubra aquí en qué signo se encontraban los planetas lentos el año de su nacimiento.

Plutón

del 1913 al 6/10/37 : Cáncer
del 7/10/37 al 19/10/56 : Leo
del 20/10/56 al 4/10/71 : Virgo
5/10/71 al 1983 : Libra
del 1984 al 1994 : Esc.
del 1995 al 2009 : Sag.
del 2009 al 2023 : Capr.

Neptuno

del 1914 al 1927 : Leo
del 1928 al 3/10/42 : Virgo
4/10/42 al 18/10/56 : Libra
del 19/10/56 al 1970 : Esc.
del 1971 al 1984 : Sag.
del 1985 al 1997 : Capr.
del 1998 al 2012 : Ac.

Urano

del 1913 al 1919 : Ac.
del 1920 al 1926 : Piscis
del 1927 al 1933 : Aries
1934: Tauro del 10/10 : Aries
del 1935 al 1940 : Tauro
1941: Gé. del 5/10 : Tauro
del 1942 al 1947 : Gém.
del 1948 al 1954 : Cáncer
del 1955 al 1961 : Leo
del 1962 al 28/9/68 : Virgo
del 29/9/68 al 1974 : Libra
del 1975 al 1981 : Esc.
del 1982 al 1988 : Sag.
del 1989 al 1995 : Capr.
del 1996 al 2003 : Ac.
del 2003 al 2011 : Piscis

Saturno

del 1910 al 1911 : Tauro
del 1912 al 1913 : Gém.
del 1914 al 17/10/16 : Cáncer
del 18/10/16 al 1918 : Leo
del 1919 al 7/10/21 : Virgo
del 8/10/21 al 1923 : Libra
del 1924 al 1926 : Esc.
del 1927 al 1929 : Sag.
del 1930 al 1932 : Capr.
del 1933 al 1934 : Ac.
del 1935 al 1936 : Piscis
1937: Aries del 18/10 : Piscis
del 1938 al 1939 : Aries
del 1940 al 1941 : Tauro
del 1942 al 1943 : Gém.
del 1944 al 1945 : Cáncer
del 1946 al 1947 : Leo
del 1948 al 1950 : Virgo
del 1951 al 1953 : Libra
del 1954 al 10/10/56 : Esc.
del 11/10/56 al 1958 : Sag.
del 1959 al 1961 : Capr.
del 1962 al 1964 : Ac.
del 1965 al 1966 : Piscis
del 1967 al 1968 : Aries
del 1969 al 1970 : Tauro
del 1971 al 1972 : Gém.
del 1973 al 1974 : Cáncer
del 1975 al 1977 : Leo
del 1978 al 1979 : Virgo
del 1980 al 1982 : Libra
del 1983 al 1985 : Esc.
del 1986 al 1988 : Sag.
del 1989 al 1990 : Capr.
del 1991 al 1993 : Ac.
del 1994 al 1995 : Piscis
del 1996 al 1997 : Aries
del 1998 al 1/3/99 : Tauro
del 1/3/99 al 20/4/01 : Gém.
del 20/4/01 al 22/4/05 : Cáncer
del 22/4/05 al 2/9/07 : Leo
del 2/9/07 al 29/10/09 : Virgo

Júpiter

1911 : Escorpio
1912 : Sagitario
1913 : Capricornio
1914 : Acuario
1915 : Piscis
1916 : Tauro
1917 : Géminis
1918 : Cáncer
1919 : Leo
1920 : Virgo
1921 : Virgo
del 26/9 : Libra
1922 : Libra
1923 : Escorpio
1924 : Sagitario
1925 : Capricornio
1926 : Acuario
1927 : Piscis
1928 : Tauro
1929 : Géminis
1930 : Cáncer
1931 : Leo
1932 : Virgo
1933 : Libra
1934 : Libra
del 11/10 : Escorpio
1935 : Escorpio
1936 : Sagitario
1937 : Capricornio
1938 : Acuario
1939 : Aries
1940 : Tauro
1941 : Géminis
1942 : Cáncer
1943 : Leo
1944 : Virgo
1945 : Libra
1946 : Libra
del 25/9 : Escorpio
1947 : Escorpio
1948 : Sagitario
1949 : Capricornio
1950 : Acuario
1951 : Aries
1952 : Tauro
1953 : Géminis
1954 : Cáncer
1955 : Leo
1956 : Virgo
1957 : Libra
1958 : Escorpio
1959 : Escorpio
del 5/10 : Sagitario
1960 : Sagitario
1961 : Capricornio
1962 : Piscis
1963 : Aries
1964 : Tauro
1965 : Cáncer
1966 : Cáncer
del 27/9 : Leo
1967 : Leo
del 19/10 : Virgo
1968 : Virgo
1969 : Libra
1970 : Escorpio
1971 : Sagitario
1972 : Sagitario
del 26/9 : Capricornio
1973 : Acuario
1974 : Piscis
1975 : Aries
1976 : Géminis
1977 : Cáncer
1978 : Leo
1979 : Leo
del 29/9 : Virgo
1980 : Virgo
1981 : Libra
1982 : Escorpio
1983 : Sagitario
1984 : Capricornio
1985 : Acuario
1986 : Piscis
1987 : Aries
1988 : Géminis
1989 : Cáncer
1990 : Leo
1991 : Virgo
1992 : Virgo
del 10/10 : Libra
1993 : Libra
1994 : Escorpio
1995 : Sagitario
1996 : Capricornio
1997 : Acuario
1998 : Piscis
1999 : Tauro
2000 : Géminis
del 1/7 : Géminis
2001 : Géminis
del 12/7 : Cáncer
2002 : Cáncer
del 1/8 : Leo
2003 : Leo
del 27/8 : Virgo
2004 : Virgo
del 25/9 : Libra
2005 : Libra
del 26/10 : Escorpio
2006 : Escorpio
del 24/11 : Sagitario
2007 : Sagitario
del 18/12 : Capricornio

ESCORPIO

Descubra aquí en qué signo se encontraban los planetas lentos el año de su nacimiento.

Plutón

del 1937 al 1955	: Leo
del 1956 al 1970	: Virgo
del 1971 al 5/11/83	: Libra
del 6/11/83 al 9/11/95	: Esc.
del 10/11/95 al 2009	: Sag.
del 2009 al 2023	: Capr.

Neptuno

del 1914 al 1927	: Leo
del 1928 al 1941	: Virgo
del 1942 al 1955	: Libra
del 1956 al 6/11/70	: Esc.
del 7/11/70 al 20/11/84	: Sag.
del 21/11/84 al 1998	: Capr.
del 1999 al 2012	: Ac.

Urano

del 12/11/12 al 1919	: Ac.
del 1920 al 1926	: Piscis
1927: Aries del 4/11	: Piscis
del 1928 al 1934	: Aries
del 1935 al 1941	: Tauro
del 1942 al 1947	: Gém.
1948: Cán. del 21/11	: Gém.
del 1949 al 1954	: Cáncer
del 1955 al 1/11/61	: Leo
del 2/11/61 al 1967	: Virgo
del 1968 al 20/11/74	: Libra
del 21/11/74 al 16/11/81	: Esc.
del 16/11/81 al 1988	: Sag.
del 1989 al 1995	: Capr.
del 1996 al 2003	: Ac.
del 2003 al 2011	: Piscis

Saturno

del 1910 al 1911	: Tauro
del 1912 al 1913	: Gém.
del 1914 al 1915	: Cáncer
del 1916 al 1918	: Leo
del 1919 al 1920	: Virgo
del 1921 al 1923	: Libra
del 1924 al 1926	: Esc.
del 1927 al 1929	: Sag.
del 1930 al 19/11/32	: Capr.
del 20/11/32 al 1934	: Ac.
del 1935 al 1937	: Piscis
del 1938 al 1939	: Aries
del 1940 al 1941	: Tauro
del 1942 al 1943	: Gém.
del 1944 al 1945	: Cáncer
del 1946 al 1947	: Leo
del 1948 al 20/11/50	: Virgo
del 21/11/50 al 1952	: Libra
del 1953 al 1955	: Esc.
del 1956 al 1958	: Sag.
del 1959 al 1961	: Capr.
del 1962 al 1964	: Ac.
del 1965 al 1966	: Piscis
del 1967 al 1968	: Aries
del 1969 al 1970	: Tauro
del 1971 al 1972	: Gém.
del 1973 al 1974	: Cáncer
del 1975 al 16/11/77	: Leo
del 17/11/77 al 1979	: Virgo
del 1980 al 1982	: Libra
del 1983 al 16/11/85	: Esc.
del 17/11/85 al 11/11/88	: Sag.
del 12/11/88 al 1990	: Capr.
del 1991 al 1993	: Ac.
del 1994 al 1995	: Piscis
del 1996 al 1997	: Aries
1998: Tauro del 26/10	: Aries
1999	: Tauro
del 1/3/99 al 20/4/01	: Gém.
del 20/4/01 al 22/4/05	: Cáncer
del 22/4/05 al 2/9/07	: Leo
del 2/9/07 al 29/10/09	: Virgo

Júpiter

1913	: Capricornio
1914	: Acuario
1915	: Piscis
1916	: Tauro
del 27/10	: Aries
1917	: Géminis
1918	: Cáncer
1919	: Leo
1920	: Virgo
1921	: Libra
1922	: Libra
del 27/10	: Escorpio
1923	: Escorpio
1924	: Sagitario
1925	: Capricornio
1926	: Acuario
1927	: Piscis
1928	: Tauro
1929	: Géminis
1930	: Cáncer
1931	: Leo
1932	: Virgo
1933	: Libra
1934	: Escorpio
1935	: Escorpio
del 9/11	: Sagitario
1936	: Sagitario
1937	: Capricornio
1938	: Acuario
1939	: Aries
del 30/10	: Piscis
1940	: Tauro
1941	: Géminis
1942	: Cáncer
1943	: Leo
1944	: Virgo
1945	: Libra
1946	: Escorpio
1947	: Escorpio
1948	: Sagitario
del 15/11	: Capricornio
1949	: Capricornio
1950	: Acuario
1951	: Aries
1952	: Tauro
1953	: Géminis
1954	: Cáncer
1955	: Leo
del 17/11	: Virgo
1956	: Virgo
1957	: Libra
1958	: Escorpio
1959	: Sagitario
1960	: Sagitario
del 26/10	: Capricornio
1961	: Capricornio
del 4/11	: Acuario
1962	: Piscis
1963	: Aries
1964	: Tauro
1965	: Cáncer
del 17/11	: Géminis
1966	: Leo
1967	: Virgo
1968	: Virgo
del 16/11	: Libra
1969	: Libra
1970	: Escorpio
1971	: Sagitario
1972	: Capricornio
1973	: Acuario
1974	: Piscis
1975	: Aries
1976	: Tauro
1977	: Cáncer
1978	: Leo
1979	: Virgo
1980	: Virgo
del 27/10	: Libra
1981	: Libra
1982	: Escorpio
1983	: Sagitario
1984	: Capricornio
1985	: Acuario
1986	: Piscis
1987	: Aries
1988	: Géminis
1989	: Cáncer
1990	: Leo
1991	: Virgo
1992	: Libra
1993	: Libra
del 10/11	: Escorpio
1994	: Escorpio
1995	: Sagitario
1996	: Capricornio
1997	: Acuario
1998	: Piscis
1999	: Aries
2000	: Géminis
del 1/7	: Géminis
2001	: Géminis
del 12/7	: Cáncer
2002	: Cáncer
del 1/8	: Leo
2003	: Leo
del 27/8	: Virgo
2004	: Virgo
del 25/9	: Libra
2005	: Libra
del 26/10	: Escorpio
2006	: Escorpio
del 24/11	: Sagitario
2007	: Sagitario
del 18/12	: Capricornio

SAGITARIO

Descubra aquí en qué signo se encontraban los planetas lentos el año de su nacimiento.

Plutón

1937: Leo del 25/11	: Cáncer
del 1938 al 1955	: Leo
del 1956 al 1970	: Virgo
del 1971 al 1982	: Libra
del 1983 al 1994	: Esc.
del 1995 al 2009	: Sag.
del 2009 al 2023	: Capr.

Neptuno

1914: Leo del 15/12	: Cáncer
del 1915 al 1927	: Leo
del 1928 al 1941	: Virgo
del 1942 al 1955	: Libra
del 1956 al 1969	: Esc.
del 1970 al 1983	: Sag.
del 1984 al 27/11/98	: Capr.
del 28/11/98 al 2012	: Ac.

Urano

del 1912 al 1919	: Ac.
del 1920 al 1927	: Piscis
del 1928 al 1934	: Aries
del 1935 al 1941	: Tauro
del 1942 al 1948	: Gém.
del 1949 al 1954	: Cáncer
del 1955 al 1960	: Leo
del 1961 al 1967	: Virgo
del 1968 al 1973	: Libra
del 1974 al 1980	: Esc.
del 1981 al 2/12/88	: Sag.
del 3/12/88 al 1995	: Capr.
del 1996 al 2003	: Ac.
del 2003 al 2011	: Piscis

Saturno

1910 : Tauro del 15/12	: Aries
1911 : Tauro	
1912 : Gém. del 1/12	: Tauro
1913 : Géminis	
1914: Cánc. del 7/12	: Gém.
1915 : Cáncer	
1916: Leo del 8/12	: Cáncer
del 1917 al 1918	: Leo
del 1919 al 1920	: Virgo
del 1921 al 19/12/23	: Libra
del 20/12/23 al 2/12/26	: Esc.
del 3/12/26 al 30/11/29	: Sag.
del 1/12/29 al 1931	: Capr.
del 1932 al 1934	: Ac.
del 1935 al 1937	: Piscis
del 1938 al 1939	: Aries
del 1940 al 1941	: Tauro
del 1942 al 1943	: Gém.
del 1944 al 1945	: Cáncer
del 1946 al 1947	: Leo
del 1948 al 1949	: Virgo
del 1950 al 1952	: Libra
del 1953 al 1955	: Esc.
del 1956 al 1958	: Sag.
del 1959 al 1961	: Capr.
del 1962 al 15/12/64	: Ac.
del 16/12/64 al 1966	: Piscis
del 1967 al 1968	: Aries
del 1969 al 1970	: Tauro
del 1971 al 1972	: Gém.
del 1973 al 1974	: Cáncer
del 1975 al 1976	: Leo
del 1977 al 1979	: Virgo
del 1980 al 28/11/82	: Libra
del 29/11/82 al 1984	: Esc.
del 1985 al 1987	: Sag.
del 1988 al 1990	: Capr.
del 1991 al 1993	: Ac.
del 1994 al 1995	: Piscis
del 1996 al 1998	: Aries
1999	: Tauro
del 1/3/99 al 20/4/01	: Gém.
del 20/4/01 al 22/4/05	: Cáncer
del 22/4/05 al 2/9/07	: Leo
del 2/9/07 al 29/10/09	: Virgo

Júpiter

1914	: Acuario
1915	: Piscis
1916	: Aries
1917	: Géminis
1918	: Cáncer
1919	: Leo
1920	: Virgo
1921	: Libra
1922	: Escorpio
1923	: Escorpio
del 25/11	: Sagitario
1924	: Sagitario
del 18/12	: Capricornio
1925	: Capricornio
1926	: Acuario
1927	: Piscis
1928	: Tauro
1929	: Géminis
1930	: Cáncer
1931	: Leo
1932	: Virgo
1933	: Libra
1934	: Escorpio
1935	: Sagitario
1936	: Sagitario
del 2/12	: Capricornio
1937	: Capricornio
1938	: Acuario
1939	: Piscis
1940	: Tauro
1941	: Géminis
1942	: Cáncer
1943	: Leo
1944	: Virgo
1945	: Libra
1946	: Escorpio
1947	: Sagitario
1948	: Capricornio
1949	: Capricornio
del 1/12	: Acuario
1950	: Acuario
del 2/12	: Piscis
1951	: Aries
1952	: Tauro
1953	: Géminis
1954	: Cáncer
1955	: Virgo
1956	: Virgo
del 13/12	: Libra
1957	: Libra
1958	: Escorpio
1959	: Sagitario
1960	: Capricornio
1961	: Acuario
1962	: Piscis
1963	: Aries
1964	: Tauro
1965	: Géminis
1966	: Leo
1967	: Virgo
1968	: Libra
1969	: Libra
del 17/12	: Escorpio
1970	: Escorpio
1971	: Sagitario
1972	: Capricornio
1973	: Acuario
1974	: Piscis
1975	: Aries
1976	: Tauro
1977	: Cáncer
1978	: Leo
1979	: Virgo
1980	: Libra
1981	: Libra
del 27/11	: Escorpio
1982	: Escorpio
1983	: Sagitario
1984	: Capricornio
1985	: Acuario
1986	: Piscis
1987	: Aries
1988	: Géminis
del 1/12	: Tauro
1989	: Cáncer
1990	: Leo
1991	: Virgo
1992	: Libra
1993	: Escorpio
1994	: Escorpio
del 9/12	: Sagitario
1995	: Sagitario
1996	: Capricornio
1997	: Acuario
1998	: Piscis
1999	: Aries
2000	: Géminis
del 1/7	: Géminis
2001	: Géminis
del 12/7	: Cáncer
2002	: Cáncer
del 1/8	: Leo
2003	: Leo
del 27/8	: Virgo
2004	: Virgo
del 25/9	: Libra
2005	: Libra
del 26/10	: Escorpio
2006	: Escorpio
del 24/11	: Sagitario
2007	: Sagitario
del 18/12	: Capricornio

CAPRICORNIO

Descubra aquí en qué signo se encontraban los planetas lentos el año de su nacimiento.

Plutón
dic.1938-en.1956 : Leo
dic.1956-14/1/57 : Virgo
del 15/1/57 : Leo
dic.1957-en.1971 : Virgo
dic.1971-en.1983 : Libra
dic.1983-16/1/95 : Esc.
17/1/95-dic.2009 : Sag.
del 2009 al 2023 : Capr.

Neptuno
dic.1915-en.1928 : Leo
dic.1928-en.1942 : Virgo
dic.1942-24/12/55 : Libra
25/12/55-4/1/70 : Esc.
5/1/70-en.1984 : Sag.
dic.1984-en.1998 : Capr.
dic.1998-dic.2012 : Ac.

Urano
dic.1912-en.1920 : Ac.
dic.1920-12/1/28 : Piscis
13/1/28-en.1935 : Aries
dic.1935-en.1942 : Tauro
dic.1942-3n.1949 : Gém.
dic.1949-en.1955 : Cáncer
dic.1955-en.1961 : Leo
dic.1961-9/1/62 : Virgo
del 10/1/62 : Virgo
dic.1962-en.1968 : Virgo
dic.1968-en.1974 : Libra
dic.1974-en.1981 : Esc.
dic.1981-en.1988 : Sag.
dic.1988-11/1/96 : Capr.
12/1/96-dic.2003 : Ac.
del 2003 al 2011 : Piscis

Saturno
dic.1911-en.1913 : Tauro
dic.1913-en.1915 : Gém.
dic.1915-en.1917 : Cáncer
dic.1917-en.1919 : Leo
dic.1919-en.1921 : Virgo
dic.1921-en.1923 : Libra
dic.1923-en.1926 : Esc.
dic.1926-en.1929 : Sag.
dic.1929-en.1932 : Capr.
dic.1932-en.1935 : Ac.
dic.1935-13/1/38 : Piscis
14/1/38-en.1940 : Aries
dic.1940-en.1942 : Tauro
dic.1942-en.1944 : Gém.
dic.1944-en.1946 : Cáncer
dic.1946-en.1948 : Leo
dic.1948.en.1950 : Virgo
dic.1950.en.1953 : Libra
dic.1953.12/1/56 : Esc.
13/1/56-5/1/59 : Sag.
6/1/59-3/1/62 : Capr.
4/1/62-en.1964 : Ac.
dic.1964-en.1967 : Piscis
dic.1967-en.1969 : Aries
dic.1969-en.1971 : Tauro
dic.1971-9/1/72 : Gém.
del 10/1/72 : Tauro
dic.1972-en.1973 : Gém.
dic.1973-7/1/74 : Cáncer
del 8/1/74 : Gém.
dic.1974-en.1975 : Cáncer
dic.1975-14/1/76 : Leo
del 14/1/76 : Cáncer
dic.1976-en.1977 : Leo
dic.1977-4/1/78 : Virgo
del 5/1/78 : Leo
dic.1978-en.1980 : Virgo
dic.1980-en.1982 : Libra
dic.1982-en.1985 : Esc.
dic.1985-en.1988 : Sag.
dic.1988-en.1991 : Capr.
dic.1991-en.1994 : Ac.
dic.1994-en.1996 : Piscis
dic.1996-en.1999 : Aries
del 1/2/99-20/4/01 : Gém.
del 20/4/01-22/4/05 : Cáncer
del 22/4/05 al 2/9/07: Leo
del 2/9/07 al 29/10/09: Virgo

Júpiter
dic.1906-en.1907 : Cáncer
dic.1907-en.1908 : Leo
dic.1908-en.1909 : Virgo
dic.1909-en.1910 : Libra
dic.1910-en.1911 : Esc.
dic.1911-2/1/13 : Sag.
3/1/13-en.1914 : Capr.
dic.1914-en.1915 : Ac.
dic.1915-en.1916 : Piscis
dic.1916-en.1917 : Aries
dic.1917-en.1918 : Gém.
dic.1918-en.1919 : Cáncer
dic.1919-en.1920 : Leo
dic.1920-en.1921 : Virgo
dic.1921-en.1922 : Libra
dic.1922-en.1923 : Esc.
dic.1923-en.1924 : Sag.
dic. 1925 ?????
dic.5-1-1926 : Capr.
6/1/26-17/1/27 : Ac.
18/1/27-en.1928 : Piscis
dic.1928-en.1929 : Tauro
dic.1929-en.1930 : Gém.
dic.1930-en.1931 : Cáncer
dic.1931-en.1932 : Leo
dic.1932-en.1933 : Virgo
dic.1933-en.1934 : Libra
dic.1934-en.1935 : Esc.
dic.1935-en.1936 : Sag.
dic.1936-en.1937 : Capr.
dic.1937-29/12/38 : Ac.
30/12/38-en.1939 : Piscis
dic.1939-en.1940 : Aries
dic.1940-en.1941 : Tauro
dic.1941-en.1942 : Gém.
dic.1942-en.1943 : Cáncer
dic.1943-en.1944 : Leo
dic.1944-en.1945 : Virgo
dic.1945-en.1946 : Libra
dic.1946-en.1947 : Esc.
dic.1947-en.1948 : Sag.
dic.1948-en.1949 : Capr.
dic.1949-en.1950 : Ac.
dic.1950-en.1951 : Piscis
dic.1951-en.1952 : Aries
dic.1952-en.1953 : Tauro
dic.1953-en.1954 : Gém.
dic.1954-en.1955 : Cáncer
dic.1955-17/1/56 : Virgo
del 18/1/56 : Leo
dic.1956-13/1/58 : Libra
14/1/58-en.1959 : Esc.
dic.1959-en.1960 : Sag.
dic.1960-en.1961 : Capr.
dic.1961-en.1962 : Ac.
dic.1962-en.1963 : Piscis
dic.1963-en.1964 : Aries
dic.1964-en.1965 : Tauro
dic.1965-en.1966 : Gém.
dic.1966-15/1/67 : Leo
del 16/1/67 : Cáncer
dic.1967-en.1968 : Virgo
dic.1968-en.1969 : Libra
dic.1969-13/1/71 : Esc.
14/1/71-en.1972 : Sag.
dic.1972-en.1973 : Capr.
dic.1973-en.1974 : Ac.
dic.1974-en.1975 : Piscis
dic.1975-en.1976 : Aries
dic.1976-en.1977 : Tauro
dic.1977 : Cáncer
31/12/77-en.1978 : Gém.
dic.1978-en.1979 : Leo
dic.1979-en.1980 : Virgo
dic.1980-en.1981 : Libra
dic.1981-25/12/82 : Esc.
26/12/82-en.1984 : Sag.
dic.1984-en.1985 : Capr.
dic.1985-en.1986 : Ac.
dic.1986-en.1987 : Piscis
dic.1987-en.1988 : Aries
dic.1988-en.1989 : Tauro
dic.1989-en.1990 : Cáncer
dic.1990-en.1991 : Leo
dic.1991-en.1992 : Virgo
dic.1992-en.1993 : Libra
dic.1993-en.1994 : Esc.
dic.1994-2/1/96 : Sag.
3/1/96-en.1997 : Capr.
dic.1997-en.1998 : Ac.
dic.1998-en.1999 : Piscis
dic.1999-en.2000 : Aries
dic.2000 : Gém.
2001 : Gém.
del 12/7 : Cáncer
2002 : Cáncer
del 1/8 : Leo
2003 : Leo
del 27/8 : Virgo
2004 : Virgo
del 25/9 : Libra
2005 : Libra
del 26/10 : Esc.
2006 : Esc.
del 24/11 : Sag.
2007 : Sag.
del 18/12 : Capr.

ACUARIO

Descubra aquí en qué signo se encontraban los planetas lentos el año de su nacimiento.

Plutón

1939: Leo del 7/2	: Cáncer
del 1940 al 1957	: Leo
del 1958 al 1971	: Virgo
del 1972 al 1983	: Libra
del 1984 al 1994	: Esc.
del 1995 al 2009	: Sag.
del 2009 al 2023	: Capr.

Neptuno

del 1916 al 1928	: Leo
del 1929 al 1942	: Virgo
del 1943 al 1955	: Libra
del 1956 al 1969	: Esc.
del 1970 al 1983	: Sag.
del 1984 al 28/1/98	: Capr.
del 29/1/98 al 2012	: Ac.

Urano

del 31/1/12 al 22/1/20	: Ac.
del 23/1/20 al 1927	: Piscis
del 1928 al 1935	: Aries
del 1936 al 1942	: Tauro
del 1943 al 1949	: Gém.
del 1950 al 1955	: Cáncer
1956: Leo del 28/1	: Cáncer
del 1957 al 1962	: Leo
del 1963 al 1968	: Virgo
del 1969 al 1974	: Libra
del 1975 al 1981	: Esc.
del 1982 al 14/2/88	: Sag.
del 15/2/88 al 1995	: Capr.
del 1996 al 2003	: Ac.
del 2003 al 2011	: Piscis

Saturno

del 1911 al 1913	: Tauro
del 1914 al 1915	: Gém.
del 1916 al 1917	: Cánc.
del 1918 al 1919	: Leo
del 1920 al 1921	: Virgo
del 1922 al 1923	: Libra
del 1924 al 1926	: Esc.
del 1927 al 1929	: Sag.
del 1930 al 1932	: Capr.
del 1933 al 14/2/35	: Ac.
del 15/2/35 al 1937	: Piscis
del 1938 al 1940	: Aries
del 1941 al 1942	: Tauro
del 1943 al 1944	: Gém.
del 1945 al 1946	: Cáncer
del 1947 al 1948	: Leo
del 1949 al 1950	: Virgo
del 1951 al 1953	: Libra
del 1954 al 1955	: Esc.
del 1956 al 1958	: Sag.
del 1959 al 1961	: Capr.
del 1962 al 1964	: Ac.
del 1965 al 1967	: Piscis
del 1968 al 1969	: Aries
del 1970 al 1972	: Tauro
del 1973 al 1974	: Gém.
del 1975 al 1976	: Cáncer
del 1977 al 1978	: Leo
del 1979 al 1980	: Virgo
del 1981 al 1982	: Libra
del 1983 al 1985	: Esc.
del 1986 al 13/2/88	: Sag.
del 14/2/88 al 6/2/91	: Capr.
del 7/2/91 al 28/1/94	: Ac.
del 29/1/94 al 1996	: Piscis
del 1997 al 1999	: Aries
del 1/3/99 al 20/4/01	: Gém.
del 20/4/01 al 22/4/05	: Cáncer
del 22/4/05 al 2/9/07	: Leo
del 2/9/07 al 29/10/09	: Virgo

Júpiter

1910	: Libra
1911	: Escorpio
1912	: Sagitario
1913	: Capricornio
1914	: Capricornio
del 22/1	: Acuario
1915	: Acuario
del 4/2	: Piscis
1916	: Piscis
del 12/2	: Aries
1917	: Aries
del 13/2	: Tauro
1918	: Géminis
1919	: Cáncer
1920	: Leo
1921	: Virgo
1922	: Libra
1923	: Escorpio
1924	: Sagitario
1925	: Capricornio
1926	: Acuario
1927	: Piscis
1928	: Piscis
del 23/1	: Aries
1929	: Tauro
1930	: Géminis
1931	: Cáncer
1932	: Leo
1933	: Virgo
1934	: Libra
1935	: Escorpio
1936	: Sagitario
1937	: Capricornio
1938	: Acuario
1939	: Piscis
1940	: Aries
1941	: Tauro
1942	: Géminis
1943	: Cáncer
1944	: Leo
1945	: Virgo
1946	: Libra
1947	: Escorpio
1948	: Sagitario
1949	: Capricornio
1950	: Acuario
1951	: Piscis
1952	: Aries
1953	: Tauro
1954	: Géminis
1955	: Cáncer
1956	: Leo
1957	: Libra
1958	: Escorpio
1959	: Escorpio
del 10/2	: Sagitario
1960	: Sagitario
1961	: Capricornio
1962	: Acuario
1963	: Piscis
1964	: Aries
1965	: Tauro
1966	: Géminis
1967	: Cáncer
1968	: Virgo
1969	: Libra
1970	: Escorpio
1971	: Sagitario
1972	: Sagitario
del 7/2	: Capricornio
1973	: Capricornio
1974	: Acuario
1975	: Piscis
1976	: Aries
1977	: Tauro
1978	: Géminis
1979	: Leo
1980	: Virgo
1981	: Libra
1982	: Escorpio
1983	: Sagitario
1984	: Capricornio
1985	: Capricornio
del 7/2	: Acuario
1986	: Acuario
1987	: Piscis
1988	: Aries
1989	: Tauro
1990	: Cáncer
1991	: Leo
1992	: Virgo
1993	: Libra
1994	: Escorpio
1995	: Sagitario
1996	: Capricornio
1997	: Capricornio
del 22/1	: Acuario
1998	: Acuario
del 4/2	: Piscis
1999	: Piscis
del 13/2	: Aries
2000	: Aries
del 1/7	: Géminis
2001	: Géminis
del 12/7	: Cáncer
2002	: Cáncer
del 1/8	: Leo
2003	: Leo
del 27/8	: Virgo
2004	: Virgo
del 25/9	: Libra
2005	: Libra
del 26/10	: Escorpio
2006	: Escorpio
del 24/11	: Sagitario
2007	: Sagitario
del 18/12	: Capricornio

PISCIS

Descubra aquí en qué signo se encontraban los planetas lentos el año de su nacimiento.

Plutón

del 1940 al 1957 : Leo
del 1958 al 1971 : Virgo
del 1972 al 1983 : Libra
del 1984 al 1994 : Esc.
del 1995 al 2009 : Sag.
del 2009 al 2023 : Capr.

Neptuno

del 1916 al 1929 : Leo
del 1930 al 1942 : Virgo
del 1943 al 1955 : Libra
1956: Esc. del 1273 : Libra
del 1957 al 1969 : Esc.
del 1970 al 1983 : Sag.
del 1984 al 1997 : Capr.
del 1998 al 2012 : Ac.

Urano

del 1912 al 1919 : Ac.
del 1920 al 1927 : Piscis
del 1928 al 1935 : Aries
del 1936 al 1942 : Tauro
del 1943 al 1949 : Gém.
del 1950 al 1956 : Cáncer
del 1957 al 1962 : Leo
del 1963 al 1968 : Virgo
del 1969 al 1974 : Libra
del 1975 al 1980 : Esc.
del 1981 al 1987 : Sag.
del 1988 al 1995 : Capr.
del 1996 al 2003 : Ac.
del 2003 al 2011 : Piscis

Saturno

del 1911 al 1913 : Tauro
del 1914 al 1915 : Gém.
del 1916 al 1917 : Cáncer
del 1918 al 1919 : Leo
del 1920 al 1921 : Virgo
del 1922 al 1923 : Libra
del 1924 al 1926 : Esc.
del 1927 al 15/3/29 : Sag.
del 16/3/29 al 23/2/32 : Capr.
del 24/2/32 al 1934 : Ac.
del 1935 al 1937 : Piscis
del 1938 al 1940 : Aries
del 1941 al 1942 : Tauro
del 1943 al 1944 : Gém.
del 1945 al 1946 : Cáncer
del 1947 al 1948 : Leo
del 1949 al 1950 : Virgo
1951: Lib. del 7/3 : Virgo
del 1952 al 1953 : Libra
del 1954 al 1955 : Esc.
del 1956 al 1958 : Sag.
del 1959 al 1961 : Capr.
del 1962 al 1964 : Ac.
del 1965 al 3/3/67 : Piscis
del 4/3/67 al 1969 : Aries
del 1970 al 21/2/72 : Tauro
del 22/2/72 al 1974 : Gém.
del 1975 al 1976 : Cáncer
del 1977 al 1978 : Leo
del 1979 al 1980 : Virgo
del 1981 al 1982 : Libra
del 1983 al 1985 : Esc.
del 1986 al 1987 : Sag.
del 1988 al 1990 : Capr.
del 1991 al 1993 : Ac.
del 1994 al 1996 : Piscis
del 1997 al 28/2/99 : Aries
del 1/3/99 al 20/4/01 : Gém.
del 20/4/01 al 22/4/05 : Cáncer
del 22/4/05 al 2/9/07 : Leo
del 2/9/07 al 29/10/09 : Virgo

Júpiter

1909 : Virgo
1910 : Libra
1911 : Escorpio
1912 : Sagitario
1913 : Capricornio
1914 : Acuario
1915 : Piscis
1916 : Aries
1917 : Tauro
1918 : Géminis
1919 : Cáncer
1920 : Leo
1921 : Virgo
1922 : Libra
1923 : Escorpio
1924 : Sagitario
1925 : Capricornio
1926 : Acuario
1927 : Piscis
1928 : Aries
1929 : Tauro
1930 : Géminis
1931 : Cáncer
1932 : Leo
1933 : Virgo
1934 : Libra
1935 : Escorpio
1936 : Sagitario
1937 : Capricornio
1938 : Acuario
1939 : Piscis
1940 : Aries
1941 : Tauro
1942 : Géminis
1943 : Cáncer
1944 : Leo
1945 : Virgo
1946 : Libra
1947 : Escorpio
1948 : Sagitario
1949 : Capricornio
1950 : Acuario
1951 : Piscis
1952 : Aries
1953 : Tauro
1954 : Géminis
1955 : Cáncer
1956 : Leo
1957 : Virgo
1958 : Escorpio
1959 : Sagitario
1960 : Sagitario
del 1/3 : Capricornio
1961 : Capricornio
del 15/3 : Acuario
1962 : Acuario
1963 : Piscis
1964 : Aries
1965 : Tauro
1966 : Géminis
1967 : Cáncer
1968 : Virgo
del 27/2 : Leo
1969 : Libra
1970 : Escorpio
1971 : Sagitario
1972 : Capricornio
1973 : Capricornio
del 23/2 : Acuario
1974 : Acuario
del 8/3 : Piscis
1975 : Piscis
del 19/3 : Aries
1976 : Aries
1977 : Tauro
1978 : Géminis
1979 : Leo
del 1/3 : Cáncer
1980 : Virgo
1981 : Libra
1982 : Escorpio
1983 : Sagitario
1984 : Capricornio
1985 : Acuario
1986 : Acuario
del 21/2 : Piscis
1987 : Piscis
del 3/3 : Aries
1988 : Aries
del 9/3 : Tauro
1989 : Tauro
del 11/3 : Géminis
1990 : Cáncer
1992 : Virgo
1993 : Libra
1994 : Escorpio
1995 : Sagitario
1996 : Capricornio
1997 : Acuario
1998 : Piscis
1999 : Aries
2000 : Tauro
del 1/7 : Géminis
2001 : Géminis
del 12/7 : Cáncer
2002 : Cáncer
del 1/8 : Leo
2003 : Leo
del 27/8 : Virgo
2004 : Virgo
del 25/9 : Libra
2005 : Libra
del 26/10 : Escorpio
2006 : Escorpio
del 24/11 : Sagitario
2007 : Sagitario
del 18/12 : Capricornio

Aspectos planetarios

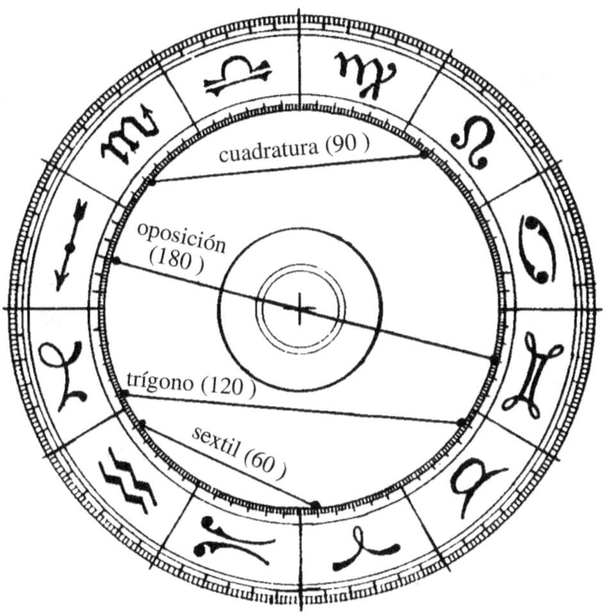

Fig. 6

Los aspectos planetarios: armonías y tensiones en el cielo natal

A medida que los astros se desplazan en su recorrido por el círculo zodiacal, van ocupando posiciones variables entre sí. Estas **distancias angulares**, expresadas en grados, se denominan **aspectos** y constituyen uno de los instrumentos interpretativos más poderosos en astrología. La relación geométrica que se establece entre dos o más planetas permite comprender cómo interactúan sus energías respectivas, ya sea potenciándose mutuamente o entrando en conflicto. En el tema natal —esa fotografía del cielo en el instante exacto del nacimiento—, los aspectos dibujan el tejido sutil que une las distintas fuerzas que conforman la personalidad y el destino del individuo.

Además del mapa de nacimiento, existe un segundo tipo de aspecto: aquellos que forman los planetas en movimiento con respecto a sus posiciones natales. Se denominan **tránsitos**, y permiten seguir el proceso evolutivo del ser humano a lo largo del tiempo, señalando momentos de crisis, de apertura, de aprendizaje o de consolidación.

Los aspectos principales, tradicionalmente considerados más influyentes, son los siguientes:

- **Conjunción**: ocurre cuando dos o más planetas ocupan el mismo grado zodiacal. Representa una fusión de energías, una condensación de fuerzas en un único punto. Su efecto puede ser positivo o negativo, según la naturaleza de los planetas implicados: a veces potencia las cualidades, otras veces provoca un exceso o una tensión difícil de integrar.

- **Sextil (60°)**: es un aspecto considerado **armónico**, que indica fluidez entre los planetas involucrados. No es tan fuerte como otros aspectos, pero representa una oportunidad, una facilidad latente, un recurso al que se puede recurrir con inteligencia y esfuerzo consciente.

- **Cuadratura (90°)**: se trata de un aspecto **tenso o conflictivo**, que señala obstáculos, contradicciones o desajustes internos. Puede provocar bloqueos, excesos, dispersión de energía o lucha entre partes de la personalidad, pero también actúa como motor de transformación cuando se asume con conciencia y se trabaja activamente con sus desafíos.

- **Trigono o triángulo (120°)**: es uno de los aspectos más **benéficos**, símbolo de talentos naturales, dones innatos o tendencias armoniosas. Las energías fluyen de forma espontánea, sin fricción, permitiendo que las cualidades implicadas se expresen con plenitud y elegancia.

- **Oposición (180°)**: indica una relación de **polaridad** y confrontación. Dos fuerzas se miran frente a frente y compiten por manifestarse. A menudo se vive como una dualidad interior o como una tensión proyectada en las relaciones externas. Sin embargo, bien canalizada, la oposición puede llevar a un equilibrio superior mediante la integración de los opuestos.

Para todos estos aspectos se acepta un margen de tolerancia (llamado **orbe**) de entre **7 y 10 grados**, dependiendo de la importancia de los planetas implicados. No obstante, la interpretación no debe aplicarse de forma mecánica: **cada aspecto se comprende siempre en el contexto global del tema astral**, como parte de una red viva de energías interdependientes.

Visualmente, los aspectos se representan mediante líneas que conectan los planetas en el interior del círculo zodiacal, tal como puede observarse en el gráfico de ejemplo (véase fig. 6). Estas líneas trazan una geometría secreta que revela las dinámicas del alma: sus alianzas internas, sus tensiones más fértiles, y las claves de su realización.

Entendimiento entre los signos: claves astrales para las relaciones humanas

En astrología, las afinidades entre los signos zodiacales se basan, en primer término, en la compatibilidad elemental. Como se ha mencionado anteriormente, los doce signos se agrupan en cuatro grandes elementos: **fuego** (Aries, Leo, Sagitario), **tierra** (Tauro, Virgo, Capricornio), **aire** (Géminis, Libra, Acuario) y **agua** (Cáncer, Escorpio, Piscis).

De manera general, los signos del mismo elemento tienden a entenderse con facilidad, pues comparten una sensibilidad de base: los signos de fuego son dinámicos y entusiastas; los de tierra, prácticos y realistas; los de aire, comunicativos e intelectuales; los de agua, emocionales y empáticos.

Existen también buenas combinaciones cruzadas, como **tierra con agua** —donde la receptividad del agua nutre y flexibiliza la estructura de la tierra—, y **fuego con aire**, donde el aire aviva la llama y estimula el ímpetu vital. No obstante, esta primera aproximación elemental no basta para desentrañar la riqueza y complejidad de los vínculos humanos.

Cada ser es un universo único, una mezcla de luces y sombras, de impulsos y reservas, que no puede reducirse al signo solar. Por ello, para evaluar afinidades más profundas es necesario considerar el **tema natal completo**, donde intervienen múltiples factores: el **ascendente**, la **Luna**, **Venus** y **Marte** son especialmente determinantes en las relaciones interpersonales, sobre todo en las sentimentales.

El ascendente: primera impresión y polaridad de pareja

Como se ha explicado en capítulos anteriores, el ascendente representa las actitudes espontáneas, la imagen exterior que el individuo proyecta al mundo. Actúa como una máscara natural que filtra el modo en que los demás lo perciben. No es extraño, por tanto, que una persona se sienta atraída, de manera casi instintiva, por alguien que tiene el mismo ascendente: se reconocen mutuamente en su forma de ser y presentarse.

El ascendente desempeña también un papel crucial en la vida afectiva porque se opone al **descendente**, es decir, al punto que marca la **Casa VII**, tradicionalmente relacionada con el matrimonio o, más ampliamente, con el "otro significativo", la pareja complementaria. Por eso, los aspectos entre el eje **ascendente-descendente** y los planetas ubicados en las Casas I y VII son indicadores valiosos para analizar la atracción inicial y el desarrollo de una relación duradera.

Sol y Luna: polaridades que buscan armonía

El **Sol** y la **Luna** conforman el eje masculino-femenino de la carta natal: representan, respectivamente, la conciencia y el inconsciente, la identidad activa y la receptiva. Su interacción es esencial en la dinámica afectiva.

El hombre suele sentirse especialmente atraído por mujeres cuyo signo solar coincide con el signo en el que él tiene la Luna. Este vínculo despierta en él resonancias profundas, a menudo inconscientes, relacionadas con la imagen materna o con su ideal femenino. A su vez, también puede existir una fuerte atracción cuando ambos comparten la misma posición lunar: en este caso, el entendimiento emocional es inmediato y natural, aunque corre el riesgo de ser demasiado uniforme, sin desafío mutuo.

Otro caso interesante es cuando el Sol de uno se encuentra en el mismo signo que la Luna del otro. Aquí, la complementariedad es armoniosa: la parte solar encuentra eco y sensibilidad en la parte lunar, creando una relación equilibrada y profundamente satisfactoria.

También pueden darse vínculos muy enriquecedores entre signos opuestos: por ejemplo, un Sol en Géminis y una Luna en Sagitario, o dos Lunas en Libra y Aries. Aunque estas combinaciones pueden generar tensiones, también permiten una poderosa **complementariedad dinámica**, en la que ambos aprenden del otro y se enriquecen mutuamente.

Las conjunciones entre Sol y Luna o entre Lunas de ambos miembros de la pareja intensifican notablemente estas influencias, generando vínculos emocionales densos y duraderos.

Venus y Marte: la alquimia del deseo

Si Sol y Luna simbolizan el núcleo esencial de la identidad y la sensibilidad, **Venus** y **Marte** representan el deseo, la atracción, la química erótica y la manera en que cada uno da y recibe afecto. Venus rige el mundo sentimental y la seducción; Marte, la pasión, la iniciativa y la energía sexual.

En el tema femenino, Venus describe cómo la mujer expresa su feminidad y su estilo afectivo; Marte indica qué tipo de hombre le atrae y cómo busca despertar su interés. En el tema masculino, Venus señala el tipo de mujer idealizada, mientras que Marte representa cómo él manifiesta su virilidad y su impulso sexual.

Cuando **Venus de uno y Marte del otro** forman una **conjunción**, la atracción es magnética e irresistible. Existe una tensión física intensa que suele manifestarse desde el primer encuentro, desencadenando relaciones apasionadas y muy comprometidas en el plano erótico. Incluso cuando la conjunción no es exacta pero ambos planetas se hallan en el mismo signo, la atracción sigue siendo poderosa.

Los aspectos armónicos (sextil, trígono) entre Venus y Marte generan un erotismo fluido, equilibrado y duradero. Hay afinidad emocional, comprensión sensual y placer compartido. En cambio, los aspectos tensos (cuadratura, oposición) pueden indicar relaciones fogosas pero conflictivas, con choques de voluntad, deseos divergentes o incomprensiones recurrentes. A menudo se traducen en aventuras breves, relaciones intermitentes o atracciones intensas pero inestables.

También pueden analizarse las relaciones **Venus-Venus** (afinidad emocional) y **Marte-Marte** (sincronía o fricción en el deseo y la acción). La armonía entre Venus de ambos indica dulzura, ternura y romanticismo; una disonancia puede crear diferencias en la manera de dar y recibir afecto. En el caso de Marte, una mala relación entre ambos puede generar rivalidad, choques de ego o competencia sexual, especialmente si ambos buscan dominar o imponer su voluntad.

La sinastría: el arte de comparar dos temas natales

Este recorrido por los principales indicadores astrales del entendimiento afectivo nos lleva a una disciplina especializada: la **sinastría**, que estudia comparativamente los temas natales de dos personas para evaluar la compatibilidad, los puntos de encuentro y los posibles desafíos de su relación.

Lejos de limitarse a las relaciones de pareja, la sinastría también puede aplicarse a vínculos de amistad, relaciones laborales, familiares o cualquier tipo de interacción significativa entre dos personas. Según la naturaleza del vínculo, se analizarán distintos planetas y aspectos, adaptando la interpretación al tipo de energía compartida.

La sinastría es una herramienta reveladora, que ayuda a comprender mejor las dinámicas ocultas de una relación, a identificar las potencialidades y a encontrar vías para armonizar las diferencias. Puede explicar por qué ciertas personas nos atraen de forma inmediata, mientras que con otras nos sentimos inquietos o desorientados. Pero sobre todo, ofrece una guía para fortalecer los lazos, cultivar la empatía y avanzar juntos en el camino de la transformación compartida.

Herencia astral

Las afinidades observadas al comparar las cartas astrales de padres e hijos merecen una atención especial: podemos hablar de una verdadera herencia astral que se transmite a la descendencia, del mismo modo que se heredan rasgos somáticos, temperamento y características psicológicas. Esta conexión no se basa necesariamente en el signo solar. Aunque no es raro que un hijo nazca bajo el mismo signo zodiacal que su padre o su madre, esta coincidencia es meramente estadística y no puede considerarse un patrón hereditario constante.

Lo que sí ocurre con notable frecuencia es que el hijo tenga el ascendente en el mismo signo que uno de los progenitores. Por ejemplo, un padre Aries y un hijo con ascendente en Aries. Este dato es particularmente revelador, ya que el ascendente depende de la hora exacta del nacimiento y, en cualquier fecha, es posible nacer con el ascendente en cualquiera de los doce signos. En estos casos, el hijo tiende a desarrollar actitudes y comportamientos inspirados por la personalidad del progenitor en cuestión, a menudo con un notable parecido físico.

También es común que el hijo comparta el mismo ascendente que uno de los padres. Cuando esto ocurre, suele reflejarse en una notable similitud en la manera de actuar y expresarse de forma espontánea.

Por otro lado, la posición de la Luna puede expresar una conexión emocional muy estrecha con uno de los progenitores, especialmente cuando cae en el signo solar de éste (por ejemplo: padre Géminis, hijo con la Luna en Géminis). Si se trata de la madre, esta configuración revela una relación profundamente afectiva y una influencia materna marcada. Un hijo varón tenderá a buscar en su vida adulta una figura femenina que evoque a su madre, mientras que una hija se identificará más fácilmente con ella, tomándola como modelo de feminidad.

Una correspondencia similar con el signo solar del padre suele tener efectos paralelos: el hijo adoptará al padre como figura de referencia durante la infancia; si es niña, desarrollará una relación afectiva especial con él; si es niño, esta influencia se proyectará en su sensibilidad y en la imagen femenina que formará.

Es también frecuente que el hijo herede la misma posición lunar que uno de sus progenitores, lo que denota un vínculo emocional profundo, una dependencia afectiva y una identificación inconsciente que se manifiesta, sobre todo, en los primeros años de vida.

Estas son algunas de las correspondencias más habituales que configuran la herencia astral entre padres e hijos. No obstante, este análisis podría ampliarse a los abuelos y bisabuelos, para trazar vínculos que evidencian la transmisión de rasgos de carácter, gustos, talentos o incluso debilidades a lo largo de varias generaciones. Así como algunos rasgos físicos o temperamentales parecen saltarse una generación, también ciertas configuraciones astrales se repiten cíclicamente, revelando una línea de continuidad familiar.

Esta búsqueda, tan fascinante como reveladora, puede abarcar numerosos aspectos relacionados con la vida familiar: desde predisposiciones hereditarias hasta la psicología del clan, la genealogía o la tradición profesional. Por encima de todo, la herencia astral nos invita a contemplar, una vez más, la armonía secreta del cosmos: el mensaje genético transmitido de padres a hijos parece encontrar un eco misterioso en las estrellas.

La influencia de los planetas lentos sobre las costumbres y la sociedad

Urano, Neptuno y Plutón —los planetas más lentos del sistema solar— recorren la banda zodiacal con extrema lentitud, avanzando tan solo unos pocos grados al año y permaneciendo en un mismo signo durante años, e incluso décadas. Esta lentitud les confiere una función distinta: ya no afectan únicamente al individuo, sino que imprimen su influencia sobre generaciones enteras, marcando épocas históricas con características comunes.

Ya hemos analizado su significado a nivel individual; ahora examinaremos su influencia colectiva, revelando cómo estas lentas fuerzas celestes delinean el clima espiritual y cultural de distintas etapas históricas.

Ritmos cósmicos y generaciones

Urano

El más rápido de los tres, recorre el zodíaco en aproximadamente 84 años, completando un ciclo completo dentro del tiempo medio de vida humana. Permanece alrededor de 6 a 7 años en cada signo. Su tránsito revela el impulso hacia el cambio, el progreso, la innovación y la ruptura con lo establecido. Urano es símbolo de la tecnología, la modernidad, la conciencia crítica y la voluntad de transformación.

Por ejemplo:

- La generación de los años 40 y principios de los 50, con **Urano en Cáncer**, mostró una sensibilidad marcada hacia los valores familiares y tradicionales, pero también ciertas tendencias hacia el fanatismo o la rigidez.

- Los nacidos entre 1955 y 1962, con **Urano en Leo**, desarrollaron un fuerte deseo de afirmación individual, prestigio y originalidad.
- De 1962 a 1968, **Urano en Virgo** marcó una generación eficiente, práctica, técnica, realista y metódica.
- Entre 1969 y 1974, **Urano en Libra** aportó diplomacia, análisis estético y sentido de justicia, aunque también una marcada exigencia moral.
- Los nacidos entre 1975 y 1981, con **Urano en Escorpio**, manifestaron actitudes combativas, radicales y creativas, junto con una poderosa voluntad de cambio.
- De 1982 a 1988, **Urano en Sagitario** inspiró ideales de libertad, apertura cultural y búsquedas filosóficas.
- Entre 1989 y 1995, **Urano en Capricornio** aportó una visión realista, ambiciosa y disciplinada, orientada a resultados concretos.
- Finalmente, los nacidos entre 1995 y 2003 vivieron el tránsito de **Urano por Acuario**, signo que potencia la invención, la cooperación social, la independencia y el pensamiento de futuro.

Neptuno

Por su parte, recorre el zodíaco en unos 164 años, permaneciendo aproximadamente 13 años en cada signo. Representa el mundo de los sueños, la espiritualidad, el arte, la evasión, la imaginación colectiva y la sensibilidad social. Su paso por los signos indica los grandes movimientos espirituales, artísticos y sociales de cada época.

- De 1929 a 1943, **Neptuno en Virgo** coincidió con una era de austeridad, trabajo riguroso y pensamiento conservador, orientado al deber.
- Entre 1943 y 1956, **Neptuno en Libra** introdujo un espíritu más refinado, estéticamente sensible, centrado en la búsqueda de equilibrio y armonía social.
- De 1956 a 1969, **Neptuno en Escorpio** impulsó cambios profundos, rupturas con la tradición, búsquedas intensas y explosiones de creatividad, a veces autodestructiva.

- Entre 1969 y 1984, **Neptuno en Sagitario** trajo una renovación de los ideales éticos, el retorno a valores religiosos, filosóficos o espirituales, con un fuerte impulso hacia la aventura y el descubrimiento.
- Desde 1985 hasta 1997, **Neptuno en Capricornio** marcó una etapa de desencanto idealista, de enfoque materialista y de rigidez moral, en un intento de reafirmar la estructura social.
- Entre 1997 y febrero de 2012, **Neptuno en Acuario** promovió ideales utópicos, innovación, pensamiento colectivo y una búsqueda espiritual menos dogmática pero potencialmente volátil.

Plutón, el más lento, tarda unos 248 años en completar su recorrido zodiacal. Permanece entre 12 y 30 años en cada signo. Representa la transformación profunda, los instintos primarios, las fuerzas ocultas, el poder regenerador y destructivo, así como los procesos inevitables de muerte y renacimiento en lo colectivo.

- Entre 1913 y 1938, **Plutón en Cáncer** acentuó el apego a lo familiar, la seguridad emocional, el conservadurismo y la protección frente a un mundo exterior percibido como amenazante.
- De 1938 a 1957, **Plutón en Leo** promovió el individualismo, la fuerza de voluntad, el orgullo y el carisma personal, dando origen a líderes audaces y movimientos dominados por la exaltación del yo.
- Desde 1957 hasta 1971, **Plutón en Virgo** inspiró una conciencia crítica, perfeccionista y ecologista, interesada en la salud, el trabajo y el orden racional.
- De 1971 a 1984, **Plutón en Libra** marcó una época de revisión social, de búsqueda de equilibrio, justicia y nuevos modelos de convivencia.
- Entre 1984 y 1995, **Plutón en Escorpio** desplegó su máximo poder: pasión, lucha, destrucción y renacimiento. Las generaciones nacidas bajo este signo son intensas, transformadoras y radicales.
- Por último, de 1996 a 2008, **Plutón en Sagitario** trajo una generación con sed de verdad, justicia, libertad y expansión

del conocimiento. Es el período de la globalización, de las tensiones entre culturas, pero también de una nueva conciencia ética universal.

La astrología mundial

La astrología mundial —también conocida como astrología mundana o colectiva— se ocupa del análisis de los grandes ciclos planetarios para interpretar los destinos colectivos de la humanidad. Su objetivo es estudiar los fenómenos históricos, políticos, sociales, económicos y culturales que afectan a naciones enteras, pueblos, civilizaciones y generaciones, a través de los tránsitos y aspectos de los planetas, especialmente de los más lentos: Júpiter, Saturno, Urano, Neptuno y Plutón.

Realizar previsiones mundiales a partir del estudio del cielo es una empresa compleja y delicada. No se trata simplemente de trasladar al plano de los Estados lo que se hace con las personas, ya que los factores astrales deben interpretarse en un marco mucho más amplio y colectivo. Además, resulta difícil asignar con precisión la manifestación concreta de un aspecto astrológico a una ubicación geográfica específica, un acontecimiento determinado o una fecha exacta. Sin embargo, eso no significa que sea una práctica vacía: por el contrario, múltiples ciclos planetarios han demostrado su influencia en la evolución histórica, en los cambios de mentalidad, en las tendencias sociales y en los acontecimientos clave que marcan épocas enteras.

Por ejemplo, los ciclos de conjunción entre Saturno y Plutón, o entre Urano y Neptuno, han coincidido con períodos de crisis estructurales, cambios de paradigma, revoluciones científicas, ideológicas o tecnológicas. Las grandes guerras, las crisis económicas, los momentos de auge espiritual o de desmoronamiento de imperios suelen coincidir con configuraciones astrales complejas entre los planetas transpersonales.

La astrología mundial interpreta estos ciclos como marcadores del **ritmo evolutivo de la humanidad**, en los que se alternan fases de expansión y retracción, de construcción y destrucción, de caos y orden. Así como el individuo vive ciclos de vida personales, también las naciones, las culturas y los sistemas políticos atraviesan etapas de nacimiento, crecimiento, madurez, crisis y transformación.

La observación de estos movimientos celestes permite, por lo tanto, no solo reflexionar sobre el pasado con una nueva perspectiva simbólica, sino también anticipar el tipo de energía dominante en un período determinado: si será propicio para el entendimiento o el conflicto, para la creatividad o la represión, para el idealismo o el pragmatismo.

En este contexto, la astrología mundial se convierte en una herramienta simbólica y analítica que nos ayuda a descifrar las corrientes profundas que moldean el devenir colectivo. No pretende imponer un determinismo absoluto, sino ofrecer claves de lectura para comprender los desafíos y oportunidades que acompañan cada época.

Así como el cielo refleja los movimientos del alma individual, también proyecta los signos de los tiempos sobre la historia del mundo. La comprensión de estas señales celestes nos invita a vivir con mayor conciencia y a participar activamente en el devenir colectivo, sabiendo que cada generación tiene un papel que cumplir en la sinfonía cósmica de la evolución humana.

Tercera parte

LA INTERPRETACIÓN DE LA FICHA ASTROLÓGICA PERSONAL

por Rolando Rossi

Las páginas siguientes dan la posibilidad de profundizar en el conocimiento del propio tema natal: basándonos en los cálculos efectuados anteriormente se sugiere el significado del ascendente y la influencia de la Luna. Se analiza también la influencia de Júpiter y Saturno.

Si es Leo con ascendente...

Leo con ascendente Aries

Una combinación vibrante de las cualidades más cálidas y fogosas del zodiaco. La energía del Fuego se intensifica en una explosión de vitalidad que genera entusiasmo, creatividad y dinamismo.

Sin embargo, el exceso de espíritu de iniciativa puede situarlos en un incómodo peldaño de presunción. El protagonismo es una constante, acompañado por una necesidad de acción y, a veces, de deshacer lo hecho.

Este dinamismo les permite concluir numerosos proyectos, aunque también deja otros tantos sin terminar. Esta tendencia a lo inconcluso, junto con el desconcierto que suelen generar, puede hacerlos parecer derrotistas, aunque injustamente, pues el mundo y la historia están llenos de sus logros.

Desde la infancia y juventud, esta configuración les otorga ventajas en los estudios, el deporte y, sobre todo, un mayor apego a la familia.

Leo con ascendente Tauro

Este ascendente de Tierra otorga a los inquietos Leo una base más estable y realista. Los guía hacia entornos más sencillos, factibles y menos comprometidos emocionalmente.

En la madurez, esta combinación los enriquece tanto material como espiritualmente: acumulan sabiduría, estabilidad emocional y un carácter más equilibrado.

También la salud se ve beneficiada, ya que el metabolismo típicamente activo del Leo alcanza aquí una regulación más constante y armoniosa.

Leo con ascendente Géminis

Estarán eternamente en búsqueda de aplausos y aprobaciones, y los obtendrán porque su vida está destinada al éxito y a las realizaciones.

Caprichosos, extravagantes y realmente originales, parecen incluso poco de fiar y algo megalómanos, pero estas son sus características naturales, de las que nace esa rica fantasía que de alguna forma tienen que exteriorizar.

Son incluso un poco inconstantes y en algunos periodos se verán afectados por el cansancio y el desinterés hacia las cosas del mundo.

Si el elemento Aire es el que destaca, serán muy románticos y siempre tendrán ganas de evadirse. Por lo tanto, podemos encontrarlos errantes por el mundo en busca de fortuna.

Si destaca el elemento Fuego se sentirán orientados hacia el arte, pero sólo como pasatiempo y no será difícil que consigan una pequeña fortuna.

Tienen éxito en el amor y también en las relaciones sociales, en los sectores de la información y del periodismo.

Leo con ascendente Cáncer

Se trata de una combinación muy original porque realmente con el Fuego y el Agua siempre hay algo que hierve en el cazo. De esta unión resulta una vida repleta de acontecimientos, algunas incluso sin concluir, y también llena de pasiones amorosas y aventuras extrañas, con alguna renuncia a los esquemas tradicionales.

Pueden caer fácilmente en ataques de nervios, con cambios de humor y crisis existenciales. Su vida alternará entre el caos de la ciudad y el aislamiento de los monasterios.

La originalidad no tiene límites en todos los sectores, mezclando a menudo los papeles, las partes y lo sagrado con lo profano. Tienen momentos realmente felices, pero también se sienten invadidos por tristezas deprimentes porque sus biorritmos no serán nunca planos y regulares, sino que se moverán sobre las puntas de los extremos.

Su vida estará fuertemente condicionada por las influencias de los astros, lo que los obliga a vivir siempre preocupados al no poder comprender plenamente todo lo que les rodea.

Leo con ascendente Leo

Esta combinación les produce la exaltación exagerada del Yo, refuerza todas las características del signo y desarrolla la originalidad con una fuerte huella egocéntrica.

Pero existe también el riesgo del aislamiento y de la incomprensión con fuertes probabilidades de sufrir el abandono por parte de la pareja y del prójimo.

Se trata de los típicos solteros, pero admirados, porque no dejan entrever defectos de solterones, incluso pueden suscitar a su alrededor envidia por su conquistada libertad.

De todos modos, están siempre muy bien considerados porque consiguen convertirse en los típicos personajes rodeados de una halo de misterio y una refinada elegancia.

Quien asume el honor de estar cerca de ellos se dará cuenta muy pronto de que no es fácil convivir con ellos porque, fieles a sus ideas y a sus principios libertinos, no aceptarán nunca compromisos de ningún tipo.

Leo con ascendente Virgo

El crear, el construir y el formarse interiormente constituyen la mayor tarea para los Leo con ascendente Virgo.

De todo el zodiaco, son los que mejor consiguen dar forma a las ideas y fantasías porque, además del ingenio y de la inventiva, tienen constancia y voluntad para acabar las cosas que han empezado. Se desenvuelven bien en los ambientes de trabajo, en sociedad y sobre todo en familia.

Son bastante metódicos y prudentes y saben atrapar las ocasiones al vuelo porque están dotados de una refinada intuición que les permite entrar en acción en perfecta sintonía con los acontecimientos.

Como buenos Leo suelen estar siempre preparados y dispuestos para la acción, y a menudo saben sacar provecho y beneficiarse de los valores del prójimo.

Leo con ascendente Libra

Las características de Libra dan a los nativos de Leo un toque de clase, haciéndolos parecer más refinados, más elegantes pero sobre todo más tolerantes y menos impetuosos.

Adquiere también el equilibrio interior; aunque la maduración será más lenta, luego resultará más estable y gratificante.

Se plantean la vida sobre amplios objetivos, con posibilidad de alternativas mayores y si es necesario incluso con una mentalidad más elástica.

También la salud sale reforzada y beneficiada de esta combinación de equilibrio psicofísico.

En los sentimientos están más disponibles y son más abiertos, incluso altruistas.

No faltarán aspectos de romanticismo y de modestia personal, hasta parecer humildes.

Leo con ascendente Escorpio

El agua móvil y misteriosa del Escorpio otorga a los nativos de Leo un poco de aprensión por otro lado necesaria, y sentimentalismo condicionante.

Están verdaderamente dotados de originalidad, son bastante extrovertidos, y manifiestan a veces un poco de agresividad sobre todo en el amor y en el sexo.

Su vida está llena de aventuras sentimentales lo que los obliga también a una continua exaltación de las propiedades orgánicas y sexuales.

Tienen tendencia a buscar en todas las cosas la esencia radical y la explicación arcana; esta es la razón por la que están continuamente ocupados en investigaciones culturales y esotéricas.

Son valientes defensores de los débiles y de las causas perdidas, y su intención es conseguir la revalorización del mundo en sus contenidos más profundos.

Pero tampoco ellos están exentos del pecado e incluso se les llegará a señalar como los más pecadores.

Leo con ascendente Sagitario

El espíritu de aventura anima de forma continua a estos personajes que suelen ver reforzadas sus características al máximo por el elemento Fuego.

Viven en continua búsqueda de lo nuevo y de lo sensacional, un intento con el que se encuentran comprometidos en todo, desde las grandes empresas a los pequeños encuentros diarios, siempre invadidos por el optimismo y el espíritu progresista.

En el grupo y en el trabajo se distinguen por encuentros originales y siempre alegres. La felicidad imperará a su alrededor y el prójimo los buscará como amuleto.

Pero esto no les aportará nada definido porque en la práctica les cuesta finalizar sus acciones.

De todos modos, serán felices así, por el hecho de haber divertido al mundo, aunque este se lo agradecerá de forma efímera.

Leo con ascendente Capricornio

A la seriedad se añade el compromiso, a la idea se añade la voluntad, al Fuego se añade la pasión.

Sus características aparecen muy complementarias y, vistos desde el exterior, parecen personajes realmente completos.

Pero indagando en su intimidad encontramos a menudo inseguridades y muchos miedos.

Estas preocupaciones de fondo son generadoras de complejos, pero serán maestros en camuflarlos aunque no en suprimirlos, al contrario, en su inconsciente los cultivarán hasta hacer que aparezcan incluso como virtudes.

En las relaciones con los demás asumen siempre una actitud distanciada, de forma que el prójimo se sienta desorientado y no conozca nunca sus verdaderas intenciones.

Leo con ascendente Acuario

Es el círculo que se cierra alrededor de las características del zodiaco. Los nativos con esta combinación están realmente dotados de múltiples dones, su personalidad aparece completa y refleja una sabiduría innata y una cultura cada vez más profunda porque están constantemente orientados en la búsqueda de algo superior.

Son queridos y admirados por casi todo el mundo pero pueden prescindir de todos, con esa autosuficiencia que les distingue. Saben un poco de todo, quizá sin sobresalir en nada, pero con la habilidad que tienen al presentar las cosas aparecen siempre mejores de lo que son en realidad. La destacada inteligencia que tienen les permite sobresalir en cualquier trabajo o empresa. La forma de expresarse y mostrar sus ideas será siempre clara, concisa y comprensible para todos.

Leo con ascendente Piscis

Son los personajes que consiguen sorprender al mundo esforzándose poco porque sus descubrimientos suelen ser siempre imprevistos y originales.

Pueden pasar años en el anonimato más profundo para luego darse a conocer en ámbitos variados y tratando temas complejos.

Son unos eternos inseguros y a veces unos tímidos torpes, pero con sus salidas llenas de entusiasmo pueden recuperar prestigio y personalidad, superando al prójimo y a los adversarios.

Cuando deciden actuar se convierten en ganadores natos y pueden realizar empresas concretas y afortunadas. Están bastante capacitados para recuperar cosas pasadas y abandonadas. Saben volver a establecer relaciones que en apariencia estaban acabadas y reconstruir sobre ellas nuevas relaciones confiadas y felices.

Aunque recorren viejos caminos, gracias a su espíritu innovador sabrán darles un aire nuevo y felizmente actual.

Si es Leo con la Luna en...

Leo con la Luna en Aries

La Luna potencia el espíritu independiente del Leo, reforzando su deseo natural de autonomía. Se muestran rebeldes e indomables, impulsados por una imaginación intensa y un afán de evasión que los lleva a justificar constantemente su comportamiento, incluso hasta caer en la mentira.

Amantes de los viajes, no buscan monumentos ni museos, sino aventuras. Por eso se muestran inquietos e intolerantes frente a las rutinas diarias. Viven impulsados por el deseo de cambio constante, lo que puede llevarlos a cierta inconstancia laboral.

Sin embargo, todo este movimiento interior está alimentado por una ambición ferviente de triunfo y de reconocimiento. En especial en el amor, sus conquistas serán más numerosas que sus vínculos estables o documentados.

Leo con la Luna en Tauro

Esta combinación suaviza los rasgos leoninos, haciendo que se expresen con sensualidad, refinamiento y una cierta elegancia artística.

A lo largo de su vida atraviesan transformaciones profundas que los llevan a estados casi extáticos. Viven el amor con una dulzura irracional, que se traduce en una vida sentimental rica y compleja, marcada por parejas estables y amantes ocasionales, siempre con una voluntad honesta de fidelidad en el presente.

Altamente impresionables, son sensibles a los caprichos y deseos de los demás, lo que puede condicionar sus decisiones. Su extrema sensibilidad también se refleja en su salud, que a veces resulta frágil, y en su receptividad a los ciclos cósmicos y cambios meteorológicos.

Leo con la Luna en Géminis

Dotados de una inteligencia brillante y chispeante, estos nativos se lanzan a todo tipo de experiencias. Esta energía los lleva a encontrarse en situaciones complicadas, incluso dramáticas, de las que salen exhaustos, pero jamás vencidos.

Al contrario, renuevan su entusiasmo, convencidos de haber transformado su entorno y a sí mismos. Esta ilusión de renovación perpetua los empuja a nuevas conquistas... y también a repetir errores.

Pese a ello, su vida está marcada por múltiples éxitos, algunos incluso grandiosos, que les granjean fama y popularidad.

Su vida familiar es agitada, pero también fuente de apoyo emocional y material. Gracias a su oratoria sobresaliente, saben convencer a los demás para beneficio propio.

Leo con la Luna en Cáncer

Poseen una imaginación apasionada y una sensibilidad sincera que les permite superar malentendidos y barreras emocionales. Con su natural optimismo, suavizan diferencias de opinión y armonizan las relaciones difíciles.

Nacidos mediadores, brillan como jueces y conciliadores, obteniendo agradecimiento por su capacidad para eliminar tensiones y reparar vínculos rotos.

Dotados de intuiciones casi mágicas, no solo experimentan placer, sino que también logran beneficios materiales gracias a su percepción.

Atraídos por lo invisible, cultivan un aire de misterio o adoptan comportamientos enigmáticos. Dedicados a su familia, crían a sus hijos con principios sólidos y programas bien definidos. Dejan siempre una impresión positiva y duradera en quienes los rodean.

Leo con la Luna en Leo

Se trata de una unión plena de las esencias masculinas y femeninas del signo. Aunque en constante búsqueda de perfección interior, estos nativos suelen estar satisfechos con su situación vital.

Su mente, brillante y poética, les permite ver lo mejor de las cosas y de las personas. Por ello, atraen a individuos necesitados de consuelo, como si fueran confesores o guías espirituales.

Su disposición abierta y generosa a escuchar los pesares ajenos es constante. Se sumergen en estudios filosóficos, actividades políticas o meditaciones profundas, acumulando éxitos y seguidores a lo largo del camino.

Leo con la Luna en Virgo

La clarividencia es su rasgo más distintivo. Aunque no la ejerzan profesionalmente, marca profundamente su vida privada.

Pueden parecer excéntricos en su forma de vestir o vivir, y suelen sentirse atraídos por lo extravagante, incluso por objetos o experiencias de dudoso valor.

La racionalidad los aburre, y tienden a un estilo de vida algo caótico. Sus pensamientos y hábitos, por inusuales, generan una cierta polarización a su alrededor, que puede traducirse en ganancias económicas.

Su inestabilidad emocional se manifiesta también en el amor, poniendo a prueba la paciencia de la pareja. Sin embargo, quienes logren comprenderlos, serán recompensados con afecto sincero y profunda dedicación.

Leo con la Luna en Libra

Esta posición lunar aporta serenidad y una inclinación natural hacia la armonía y la belleza. Su presencia transmite calma: su optimismo es capaz de disipar tensiones.

Excelentes psicólogos y mediadores, valoran la estética, la naturaleza y la sencillez. Desde jóvenes afrontan la vida con despreocupación reflexiva y un compromiso casi filosófico.

Pese a su inteligencia, pueden ser víctimas de engaños debido a su ingenuidad y nobleza. Se destacan en el ámbito legal, administrativo y educativo, y reflejan una rica cultura humanística.

Sin embargo, su lealtad no siempre los protege de infidelidades o decepciones sentimentales por parte de quienes buscan relaciones más agitadas.

Leo con la Luna en Escorpio

La Luna en Escorpio se siente incómoda: se ve sumergida en aguas oscuras y turbulentas. Quienes viven bajo esta influencia experimentan una vida apasionada y compleja, marcada por lo inexplicable y lo mágico.

Oscilan entre polos opuestos —el bien y el mal, lo lícito y lo prohibido— en una lucha interna que genera impulsos masoquistas, acciones intensas y repentinas transformaciones.

Estos nativos están en constante búsqueda de sentido y de redención. Son famosos por sus metamorfosis sorprendentes: pasan de épocas de frenesí sexual casi fanático, a fases de rechazo absoluto de los sentidos.

Sin embargo, su impulso es progresivo, y en ciertos casos, transformador de forma casi milagrosa.

Leo con la Luna en Sagitario

Ambición, generosidad y sentido del humor definen a estos nativos. Saben imponerse en sociedad y buscan activamente relaciones influyentes —aunque a menudo son ellos quienes las ofrecen.

Con un espíritu recto y noble, proyectan una imagen honesta que inspira respeto. Su franqueza es ejemplar, y a lo largo de la vida contarán con figuras sabias a quienes podrán acudir en busca de consejo.

Viven con alegría y entusiasmo, deseosos de progresar y de llevar a cabo una vida plena y luminosa.

Leo con la Luna en Capricornio

Esta posición lunar invita a la transgresión y la rebeldía. En los más influenciables, puede inducir a desafiar normas morales, disfrazando los vicios y la mentira como fantasía o amor a la vida.

Estos Leo han nacido libres y desean vivir sin ataduras ni tabúes. Su generosidad es inmensa: dan sin reservas, dejando huellas profundas e inolvidables en quienes los rodean.

Para ellos, el placer es espontáneo, sin compromisos. Sin embargo, detrás de esa libertad se esconde un idealismo noble y un deseo de compartir sin esperar nada a cambio.

Leo con la Luna en Acuario

Una mezcla de bondad genuina y rectitud moral. Estos Leo actúan siempre con honestidad, a veces renunciando incluso al éxito si este implica traicionar sus principios.

Incapaces de dañar a otros, viven guiados por una ética exigente, que a menudo los lleva a renuncias profundas.

Pueden verse obligados a cambiar de entorno, vivienda o trabajo para mantenerse fieles a sí mismos, lo cual los deja expuestos... pero también admirados.

A largo plazo, el destino les forja una identidad sólida: serán vistos como figuras valientes y sabias, especialmente en su madurez.

Leo con la Luna en Piscis

La Luna pisciana suaviza las aristas del signo de Leo, aportando dulzura, paz interior y una calma que a veces atenúa su energía natural.

En ciertos períodos puede debilitar su carácter o llevarlos a la transgresión.

Se sienten atraídos por actividades inusuales o aparentemente triviales, pero tienen el don de revitalizar lo olvidado y lo marginal con paciencia, creatividad y entrega.

Su sensibilidad les permite reconstruir relaciones que parecían perdidas y dar nueva vida a lo antiguo, aportando un aire renovado y actual.

Si es Leo con Júpiter en...

Leo con Júpiter en Aries

Este planeta refuerza muchas de las cualidades positivas que ya caracterizan a los nativos de Leo: nobleza de pensamiento, sabiduría, y un profundo sentido de la justicia. Júpiter aporta un impulso decisivo, eficaz y generoso, que facilita la acción y favorece el ejercicio de posiciones de liderazgo y autoridad.

También la salud física se beneficia de este aspecto, que actúa como un estabilizador natural de los biorritmos y las influencias estacionales.

Probablemente, estos Leo mostrarán una madurez precoz y parecerán mayores de lo que son.

En el ámbito profesional, no solo contarán con la fortuna de su parte, sino que también se verán envueltos en múltiples actividades de las que obtendrán importantes éxitos.

Leo con Júpiter en Tauro

Júpiter, en esta posición natal, induce a los Leo a actuar con frecuencia guiados por intereses materiales, llegando incluso a poner en juego su honestidad. Sin embargo, sus principios esenciales permanecen firmes, y sus transgresiones suelen nacer de la necesidad más que del deseo.

Buscan constantemente relaciones influyentes, aunque rara vez obtienen de ellas beneficios proporcionales: suelen resultar más costosas que provechosas.

Las relaciones sentimentales y clandestinas constituyen uno de sus mayores desafíos, incluso a nivel interior.

Poseen una gran fortaleza anímica, capaz de hacerles superar momentos muy difíciles.

Su salud experimenta frecuentes altibajos, ya que están fuertemente influenciados por los ciclos cósmicos y las variaciones magnéticas causadas por las manchas solares.

Leo con Júpiter en Géminis

Júpiter otorga talento y fortuna especialmente en el ámbito laboral. Los Leo con esta configuración triunfan en toda iniciativa que requiera ingenio y espíritu innovador.

Ante empresas difíciles, sus enormes capacidades les permiten alcanzar el éxito, aunque no sin esfuerzo y sacrificio.

Se sienten atraídos por estudios vinculados al periodismo y la información, pero pueden desanimarse si la compensación económica no está a la altura de sus expectativas.

En el amor gozan de numerosas aventuras, aunque estas pueden derivar en rupturas por cuestiones emocionales.

Durante la juventud y en la vida estudiantil, se destacan por su ingenio, simpatía y originalidad.

Leo con Júpiter en Cáncer

Esta posición puede traer fortunas inesperadas —ganancias en el juego, herencias o encuentros providenciales— aunque su marcado sentimentalismo puede frenar la consolidación de dichas riquezas.

Los honores, las amistades poderosas y los bienes materiales que conquistan suelen ser pasajeros por falta de astucia. Aun así, su patrimonio crecerá de forma sostenida.

En el amor, desde la juventud buscan una relación estable, y es probable que la encuentren en una pareja mayor.

Aunque su salud es en general buena, están sujetos a afecciones crónicas o estacionales que tienden a convertirse en un quebradero de cabeza.

En las relaciones y amistades se destacan por su agudeza y originalidad.

Leo con Júpiter en Leo

El éxito está prácticamente garantizado con esta potente y majestuosa ubicación planetaria, que exalta el brillo natural del signo.

Los nacidos con Sol y Júpiter en Leo aspiran a altos cargos: funciones públicas, administrativas o de dirección.

Muchos prelados y autoridades religiosas nacen bajo esta configuración, que favorece la sabiduría, la fortuna y el prestigio.

El único riesgo es una ambición desmedida, que puede generar múltiples enemigos. No obstante, gracias a su diplomacia innata y su fuerte personalidad, sabrán afrontar incluso las críticas más feroces y defender sus ideales con firmeza, aunque estos estén desfasados.

Leo con Júpiter en Virgo

Al encontrarse exiliado en Virgo, Júpiter puede provocar dificultades en la elección de ideales, en los estudios, el primer empleo o las relaciones amorosas.

No obstante, una vez encontrado el camino —aunque sea tras varios intentos— la fortuna será duradera.

Son personas que saben aplicar con sabiduría y prontitud sus numerosas cualidades, especialmente en la educación de los hijos.

A menudo son padres ejemplares o tutores sabios, quizás un tanto estrictos, pero firmes en sus principios morales e intelectuales.

Destacan también como profesores, aunque pueden lograr aún más éxito a través de sus publicaciones que en el trato directo.

En sus relaciones corren el riesgo de sufrir traiciones, ya que su rigidez moral puede resultar incómoda para quienes los rodean.

Leo con Júpiter en Libra

Desde esta posición, Júpiter otorga un carácter amable, servicial y una conciencia elevada sobre la buena conducta. No obstante, estos dones se desarrollan tras un inicio difícil y una profunda reflexión personal.

Su vida gira en torno a la búsqueda de la estima ajena, que puede convertirse casi en una obsesión.

Esta ambición los lleva a depender en exceso de la aprobación externa.

En el plano sentimental pueden enamorarse de figuras inalcanzables —profesores, parientes o superiores—, lo que da lugar a un impulso constante hacia la transgresión y la aventura oculta.

Aunque suelen gozar de buena salud, también son propensos a enfermedades crónicas y molestias estacionales.

La evolución de su vida será lenta pero constante, con grandes posibilidades de alcanzar la plenitud tanto espiritual como material en la madurez.

Leo con Júpiter en Escorpio

Júpiter no se encuentra cómodo en Escorpio, y deja espacio a otros factores astrológicos más determinantes.

Los Leo con esta configuración tienden a desafiar los valores tradicionales en su búsqueda de libertad y autonomía.

En la transgresión encuentran una forma de felicidad, siempre que no se vean dominados por pasiones desbordantes como los celos, el odio o la envidia.

Estas intensas vivencias, lejos de amedrentarlos, alimentan su soberbia y los impulsan a posturas extremas.

Dejan huellas profundas en quienes los rodean, pues sus acciones —radicales y desconcertantes— son capaces de transformar incluso la corrupción en redención.

Leo con Júpiter en Sagitario

Aquí, Júpiter está en su domicilio, su trono.

Los Leo con esta posición triunfan en cualquier empresa, aunque el éxito suele llegar en la madurez.

Se destacan como estudiantes tardíos, amantes intensos en la vejez, y profesionales exitosos en los últimos años de carrera.

Su actitud es siempre segura y ecléctica, y ennoblecen cualquier oficio, arte o vocación que emprendan.

Fundan su vida sobre elevados principios morales, pero a veces sienten el impulso de transgredirlos, especialmente en el ámbito amoroso.

Suelen mantener estas contradicciones como experiencias personales, sin permitir que se conviertan en hábitos arraigados.

Leo con Júpiter en Capricornio

El poder individual de estos Leo puede llevarlos a abusar de los demás, pero a la larga tendrán que rendir cuentas por sus errores, si los hubiere.

Lo cierto es que su evolución será rápida e imparable, ayudada por una fuerza misteriosa que parece guiarlos.

A menudo abrazan radicalmente doctrinas filosóficas o religiosas, para luego cuestionarlas con la misma intensidad.

Su habilidad reside en adentrarse en los problemas y vivirlos desde dentro.

Suelen estar en conflicto con su entorno y disfrutan representando el papel del contrincante, ya sea por vocación o por simple excentricidad.

En las confrontaciones son leales y nobles: incluso pueden advertir a sus adversarios de sus movimientos, convencidos de su propia invulnerabilidad.

Leo con Júpiter en Acuario

Aquí, Júpiter impulsa una inclinación natural hacia la generosidad y la filantropía.

Son personas meticulosas y precisas en sus tareas y compromisos, que valoran la vida sencilla, alejada de grandes gestas y ambiciones.

Evitan las disputas, prefieren resolver los conflictos con serenidad, y aplican esta misma filosofía tanto en el trabajo como en la vida familiar.

No obstante, en su interior anida una imaginación rica, que se manifiesta y se extingue en el mundo de los sueños.

No acostumbran a hablar de sus problemas, pero si encuentran a la persona adecuada, se abren con sinceridad, convirtiéndose en amigos leales e incluso amantes generosos.

Leo con Júpiter en Piscis

Júpiter en Piscis despierta en los Leo un inmenso deseo de evasión como vía para la realización personal.

La aventura —aunque clandestina— se convierte en el eje de sus sueños.

La acción vivida como experiencia vital los tienta a lo largo de toda su existencia, llevándolos en ocasiones a embarcarse en situaciones ambiguas.

Aun así, su vida será rica en momentos agradables y emociones profundas.

Saben amar con autenticidad y sin dobleces, aunque también sienten inclinación hacia la transgresión.

Si llegan a separarse de una pareja, lo afrontan con madurez y sin recriminaciones, dejando a menudo una impresión duradera y generosa en quienes los han amado.

Si es Leo con Saturno en...

Leo con Saturno en Aries

En esta posición, Saturno suele traer de vuelta todos los problemas que los nativos querrían olvidar o dejar atrás, pero que él, con obstinación, reaviva y agudiza hasta que se resuelvan.

Saturno, astro del destino, se muestra implacable: poco dado a perdonar y aún menos a postergar aquello que debió resolverse sin dramas ni resentimientos. Obliga a enfrentar y zanjar cuestiones familiares, separaciones inconclusas, deudas impagadas, amistades perdidas o amores interrumpidos.

Llama al deber a quienes portan esta configuración natal. Sin embargo, la solución no vendrá de su mano, ya que no ofrecerá ayuda alguna para resolver lo que él mismo ha puesto sobre la mesa.

Leo con Saturno en Tauro

Esta posición caracteriza a personas solitarias, a menudo vinculadas a la tierra y la naturaleza.

Los Leo con Saturno en Tauro tienden a la introspección, a la meditación casi obsesiva y a la búsqueda de la verdad absoluta. Los hombres en particular pueden sentirse —aunque equivocadamente— traicionados o engañados por su pareja o su entorno.

Sin embargo, su interior está lleno de nobleza: desean el bien común, sueñan con la felicidad para todos y anhelan un mundo libre de pecado.

Aman en silencio, con un altruismo que raya en el exceso, colmando de cuidados a sus seres queridos. Pero si se sienten heridos, pueden estallar en cólera y hacer uso de su fuerza o estatus para castigar a quien consideren culpable.

La salud puede resentirse por excesos de diversa índole.

Leo con Saturno en Géminis

Muestran una fuerte atracción por las ciencias modernas y las invenciones. A veces se comportan de manera excéntrica, no por vanidad, sino para sorprender.

Suelen jactarse de sus logros y posesiones. Durante los viajes, están expuestos a encuentros peligrosos o enfermedades exóticas.

Tienen inclinación al ocultismo, aunque se apegan a las tradiciones.

Su estilo de vida atrevido atrae celos y envidias.

Poseen un ingenio destacado y hallan fortuna en campos poco explorados.

En el entorno familiar enfrentan dificultades, pues la crianza y la educación no suelen ajustarse a su carácter. No es raro encontrar entre ellos a trotamundos o personas con un estilo de vida nómada.

Leo con Saturno en Cáncer

Aunque Saturno se encuentra en exilio en este signo, las cualidades perseverantes de Leo convierten esta situación en un estímulo de superación.

Los nativos de esta combinación son luchadores tenaces ante las adversidades; están siempre listos para comenzar de nuevo, aunque lo hagan con un entusiasmo apagado, dado su temperamento algo melancólico.

Pese a todo, logran resultados tangibles y hacen felices a quienes les rodean.

Su romanticismo, discreto pero auténtico, puede manifestarse a través del arte o en situaciones propicias.

Amantes del buen comer y de los placeres íntimos, algunos se convierten en estudiosos del erotismo y del deseo humano.

Leo con Saturno en Leo

Esta configuración favorece la resolución de asuntos pendientes. Facilita a los nativos la ruptura de matrimonios inadecuados o asociaciones poco fructíferas. También impulsa a cambios frecuentes en el ámbito laboral, dotándolos de una experiencia rica y versátil.

Favorece la acumulación de bienes familiares y atrae amigos influyentes que serán claves en importantes negocios.

El temperamento es vital, colérico pero generoso.

Se verán obligados a desplegar una constancia aparente al enfrentar lo cotidiano, habilidad que ejercen con destreza.

Aspirarán a cargos de prestigio, que probablemente alcanzarán en la madurez.

En el amor pueden experimentar cambios sucesivos motivados por la búsqueda de placer o circunstancias externas.

Leo con Saturno en Virgo

Saturno en Virgo confiere un matiz de rareza y originalidad. Los nativos con esta combinación sienten a menudo un fuerte interés por los misterios del más allá, acompañado de un temor excesivo a la muerte y a los avatares de la existencia.

Se refugian en estudios filosóficos y espirituales, o se sumergen en lecturas apasionadas, que pueden ir desde tratados esotéricos hasta simples novelas románticas.

Presentan tendencias maníacas que, lejos de ser destructivas, se traducen en sagacidad y astucia. Sus ideas, por muy fantásticas que parezcan, pueden materializarse en logros que otros considerarían imposibles.

Luchan encarnizadamente contra los obstáculos de la vida, incluso recurriendo a plegarias desesperadas o imprecaciones contra lo divino hasta alcanzar sus metas.

Con los años, aprenden a disfrutar de los placeres de la vida hasta entregarse sin culpa a los excesos sensuales y carnales.

Intentarán escrutar el porvenir y los mundos invisibles para asegurarse de vivir con plenitud el presente en la Tierra.

Leo con Saturno en Libra

Sienten una inclinación natural a exaltar sus propias cualidades, incluso con cierta presunción. Sin embargo, poseen reales dotes organizativas y operativas, lo que les lleva, con el tiempo, a cultivar un respeto creciente por los demás.

En el plano afectivo, se muestran desde muy jóvenes atraídos por el juego de la seducción, las conquistas y las aventuras fugaces, que se convierten en su pasatiempo preferido.

Sociables, ingeniosos y amantes de las discusiones, suelen querer tener siempre la razón. Esta necesidad de imponerse a través del discurso, sumada a su rica dialéctica, les puede acarrear enemistades perjudiciales, especialmente en el ámbito laboral o profesional.

Son investigadores brillantes, afortunados en disciplinas modernas y científicas. Aunque racionales, conservan una veta supersticiosa que les hace recelar del entorno laboral.

Leo con Saturno en Escorpio

La agudeza mental que otorga esta configuración puede llegar a intimidar: infunden respeto —e incluso temor— en cualquier entorno en el que se mueven.

En el amor son exigentes y se les acusa de egoísmo, pues esperan mucho, aunque también están dispuestos a dar generosamente a quien se lo gane.

Social y profesionalmente, se enfocan en sus propios intereses y rara vez se detienen a considerar las dificultades ajenas.

En el ámbito familiar, su actitud puede parecer exigente, pero se les valora por el tiempo y el esfuerzo que dedican al estudio, al trabajo y a las responsabilidades serias.

Son trabajadores por naturaleza y, no pocas veces, deberán enfrentarse a estrecheces económicas provocadas por inversiones arriesgadas o ambiciones especulativas.

Leo con Saturno en Sagitario

Esta es una colocación peculiar para Saturno, que tiende a dificultar la toma de decisiones. Los Leo con esta configuración analizan cada posibilidad, evaluando alternativas antes de decidir, lo que ralentiza su acción pero fortalece sus resultados.

Sus constantes búsquedas y ensayos les conducen finalmente al éxito, y no es raro que realicen descubrimientos valiosos.

Adquieren una buena reputación en todos los ámbitos donde se desempeñen.

En la vida familiar pueden ser incomprendidos, pues sus posturas decididas los hacen parecer tercos o conflictivos.

Socialmente, sin embargo, son afortunados gracias a su perseverancia, talento empresarial y ética de trabajo.

Leo con Saturno en Capricornio

La prudencia de estos nativos puede parecer excesiva, pero está firmemente enraizada en la naturaleza astrológica de esta combinación.

Necesitan analizar cada situación desde todos los ángulos posibles, pues temen cometer errores que luego les expongan a críticas o reproches, ya sea del entorno o de sus superiores.

Llevan una existencia agitada, en constante búsqueda de ideales elevados y logros casi inalcanzables.

Sus ambiciones pueden verse mermadas por tanta cautela, lo que les hace parecer inseguros o faltos de coraje, aunque en realidad evitan la temeridad y temen el fracaso.

El orgullo los impulsa a anticiparse al porvenir, para evitar equivocaciones que los lleven a la humillación.

No obstante, en momentos críticos, sabrán imponerse con honor y dignidad.

Leo con Saturno en Acuario

Dotados de una mente aguda y perseverante, los Leo con Saturno en Acuario son capaces de superar momentos difíciles con esfuerzo y éxito.

En general, su vida transcurre de forma estable o tiende a una mejora progresiva. Destacan en los estudios, alcanzando un nivel académico notable.

En las artes y las profesiones demuestran con creces su saber y su capacidad práctica.

Son verdaderos expertos en aplicar lo aprendido, convirtiéndose en personas sabias y versadas en múltiples disciplinas.

Su carácter afable y su fiabilidad los convierten en elementos valiosos en todo trabajo en equipo.

En el entorno familiar son referentes activos, verdaderos ejemplos a seguir.

Leo con Saturno en Piscis

Esta configuración puede generar cierta inestabilidad emocional e indecisión. Tienden a dramatizar las situaciones, aunque esta prudencia emocional les permite mantener una vida relativamente serena.

Saben sobreponerse a las crisis con optimismo paciente y una esperanza resiliente, aunque a menudo se quejan o se enfrentan verbalmente al destino que consideran poco generoso.

Estos lamentos, sin embargo, no afectan su verdadera capacidad de recuperación ni su voluntad de salir adelante con dignidad.

Tienen un temperamento sensible y compasivo, que puede expresarse en forma de arte, espiritualidad o servicio a los demás. Con el tiempo, encuentran un equilibrio entre el idealismo interior y las exigencias prácticas del mundo real.

Cuarta parte

LAS PREVISIONES PARA LEO

Las vibraciones anuales, mensuales y diarias

Se trata de nueve energías numéricas en rotación que actúan como complemento a las previsiones astrológicas. Basadas en el calendario, estas vibraciones inciden sucesivamente sobre los signos, condicionando la forma en que estos se expresan.

Durante el tiempo en que una vibración determinada permanece activa sobre nuestro signo, podemos esperar que sus efectos se manifiesten tanto en el plano externo como en el interno. No obstante, será nuestra actitud personal la que determine la respuesta que demos a esas influencias.

Las vibraciones son excelentes consejeras. Tenerlas en cuenta puede brindarnos apoyo y ayudarnos a resolver situaciones o períodos difíciles desde el punto de vista astral.

Por el contrario, cuando los tiempos nos son propicios y decidimos ignorarlas o actuar en contra de ellas, nos arriesgamos a despertar sus aspectos negativos, malogrando así nuestras posibilidades de éxito.

Dado que estamos siempre bajo la influencia simultánea de **tres vibraciones** —anual, mensual y diaria—, conviene recordar que:

- **La vibración mensual está supeditada a la anual**, y
- **La diaria, a la mensual**.

La vibración mensual influye especialmente sobre la **Casa astrológica** que se activa durante ese mes en nuestro horóscopo.

Para afinar aún más la previsión diaria, puede ser útil observar el recorrido de la **Luna** ese día, ya que su tránsito matiza y acentúa determinadas tendencias.

Por su conexión directa con el calendario, también es importante tener en cuenta lo siguiente:

— A partir del mes de **octubre**, comienzan a manifestarse los **primeros indicios de la vibración anual siguiente**.

— Desde el **día 27 de cada mes**, se produce un período de **influencias mixtas** que se extiende hasta el inicio del mes siguiente.

— A partir de las **22 h**, se perciben a menudo **transiciones internas**, en las que confluyen vibraciones de dos períodos consecutivos.

Cómo hallar la vibración anual, mensual y diaria para cada signo del zodiaco

TABLA 1

Signo	*Vibración anual*		*Signo*	*Vibración anual*	
	2024	**2025**		**2024**	**2025**
Aries	1	2	Libra	7	8
Tauro	2	3	Escorpio	8	9
Géminis	3	4	Sagitario	9	1
Cáncer	4	5	Capricornio	1	2
Leo	5	6	Acuario	2	3
Virgo	6	7	Piscis	3	4

TABLA 2

Enero	1	Mayo	5	Septiembre	9
Febrero	2	Junio	6	Octubre	1
Marzo	3	Julio	7	Noviembre	2
Abril	4	Agosto	8	Diciembre	3

Además de la influencia astrológica, existe un sistema complementario basado en la numerología cíclica que permite afinar las previsiones personales: las vibraciones anual, mensual y diaria. Estas vibraciones numéricas, del 1 al 9, acompañan nuestro recorrido vital y aportan una tonalidad específica a cada período, ayudándonos a comprender mejor los ritmos y desafíos que enfrentamos.

¿Cómo se calculan?

El sistema se basa en el calendario y en la fecha de nacimiento de cada persona. No se requiere ningún conocimiento técnico de astrología para utilizarlo. A continuación, se explica cómo hallar cada tipo de vibración:

Vibración anual

Para encontrar la vibración anual, se suman **el día y el mes de nacimiento** al **año en curso**, y se reduce el total a un solo dígito entre 1 y 9.

Por ejemplo, para una persona nacida el 14 de julio, y tomando como referencia el año 2025:

- Día: 14   1 + 4 = 5
- Mes: julio = 7
- Año: 2 + 0 + 2 + 5 = 9
- Total: 5 (día) + 7 (mes) + 9 (año) = 21 → 2 + 1 = **3**

En este caso, la vibración anual es **3**.

Esta vibración marcará el tono general del año, influyendo en las decisiones importantes, los cambios personales, las oportunidades y los aprendizajes. Su efecto comienza a sentirse unos meses antes del cumpleaños y se extiende hasta el siguiente.

Vibración mensual

Una vez conocida la vibración anual, se obtiene la mensual **sumando el número del mes actual** a la **vibración anual**, y reduciendo el resultado a un solo dígito.

Siguiendo con el ejemplo anterior (vibración anual 3), si estamos en **agosto** (mes 8):

- 3 (vibración anual) + 8 (mes) = 11 → 1 + 1 = **2**

La vibración mensual sería **2**.

Esta vibración modula las experiencias de cada mes, afectando el entorno cotidiano, el estado emocional, las relaciones y las decisiones prácticas. A menudo se manifiesta en la casa astrológica activa durante ese período.

Vibración diaria

La vibración diaria se obtiene sumando la **vibración mensual** al número del día, y reduciendo el resultado a una cifra entre 1 y 9.

Siguiendo el ejemplo, si el día es **18 de agosto** y la vibración mensual es 2:

- 2 (mensual) + 18 = 20 → 2 + 0 = **2**

Por tanto, la vibración diaria es también **2**.

Esta vibración influye sobre el tono emocional, la energía disponible y las oportunidades o advertencias del día. Para afinar aún más su lectura, conviene observar también el tránsito lunar.

Consejos de interpretación

- Las vibraciones son como una corriente subterránea: **no determinan el destino, pero condicionan el clima** en que se desarrollan nuestras acciones.
- Cuando actuamos **en armonía con la vibración vigente**, se abren puertas, fluyen los procesos y nos sentimos acompañados por el ritmo natural.
- Ignorarlas o forzarlas puede generar **resistencia, bloqueos o pérdidas de oportunidad**.
- Prestar atención a estas señales sutiles es una forma de **sincronizarnos con el tiempo interior y exterior.**

Previsiones para el signo Leo en el año 2025

Tendencias generales: azul, dorado y negro

Saturno permanecerá en Leo hasta el 2 de septiembre, para luego ingresar en el meticuloso signo de Virgo, en la Casa II, donde permanecerá hasta el 11 del mismo mes. Los nativos del segundo decanato serán los más favorecidos entre marzo y mayo.

El mal aspecto con Neptuno —regente de las Casas VIII y VII— persistirá durante la primera mitad del año, afectando sobre todo a quienes nacieron en la mitad del signo. Tras la salida de Saturno, Neptuno continuará influyendo, esta vez sobre los del tercer decanato. A diferencia del año anterior, en 2025 Júpiter transitará por la Casa V —la del amor, los hijos y la creatividad— trayendo consigo una sensación general de felicidad y expansión.

También se producirá un cambio profundo en la voluntad y la fortaleza interior de los Leo: el buen ángulo con Saturno pondrá a prueba su capacidad para sobreponerse a cualquier dificultad, por dolorosa que sea. No obstante, tanto la ética como la integridad moral guiarán sus acciones en todo momento.

Durante el invierno, Júpiter formará un aspecto armónico con Neptuno pero disonante con Urano. Esta configuración podría situar a los Leo en escenarios complejos que no los afecten directamente, pero sí involucren a personas cercanas de manera significativa. Las complicaciones podrían surgir de forma inesperada. Para entender el origen de estos desafíos, convendría revisar eventos vividos en 1990, 1997 y 2000.

A partir de septiembre, se iniciarán cambios sustanciales en el ámbito laboral, ya que Júpiter ingresará en ese sector, ofreciendo soluciones prácticas y duraderas.

La conjunción de Plutón durante el puente de la Purísima marcará el cierre de un ciclo en el que muchos Leo habrán resuelto importantes asuntos personales, demostrando que aún están a tiempo de reorientar su vida hacia un crecimiento auténtico.

Esta conjunción también inaugurará una nueva etapa de prosperidad laboral y bienestar cotidiano, pues Plutón influirá de manera positiva sobre las Casas XI y II, vinculadas a las amistades, los equipos de trabajo y la economía.

Por anualidad, los nacidos en el primer decanato tendrán a Plutón en Cáncer; el resto lo recibirá en Leo, donde permanecerá brevemente del 4 al 19 de agosto.

Los nacidos en los últimos días de julio disfrutarán de un aspecto favorable con Urano —regente de la Casa VII— que facilitará mejoras notables en la comunicación, especialmente en temas que han estado agitados en años anteriores.

Por su parte, quienes nacieron a inicios de agosto contarán con el respaldo de Marte en la Casa X, lo cual potenciará su iniciativa y agudeza, sobre todo entre los más jóvenes.

La conjunción con Saturno otorgará a los nacidos en los últimos días del signo una mente clara y lúcida, preparándolos para tomar decisiones clave.

Mercurio no será favorable en enero, febrero ni durante las festividades, por lo que será necesario vigilar los gastos. En algunos casos, el descontrol podría complicar seriamente los temidos finales de mes. Sin embargo, también habrá adquisiciones útiles y nuevas incorporaciones valiosas en el plano profesional.

Lunaciones y entrada del Sol en los signos en el año 2025 para Leo

	Luna nueva		Luna llena	
C. 6			3/1	12 Cáncer
	19/1	28 Capricornio		
C. 7	20/1	Sol en Acuario		
			2/2	13 Leo
	17/2	28 Acuario		
C. 8	19/2	Sol en Piscis		
			4/3	13 Virgo (Eclipse total)
	19/3	28 Piscis (Eclipse total)		

(Continuación)

	Luna nueva		Luna llena	
C. 9	21/3	Sol en Aries	2/4	12 Libra
	17/4	27 Aries		
C. 10	20/4	Sol en Tauro	2/5	11 Escorpio
	16/5	25 Tauro		
C. 11	21/5	Sol en Géminis	1/6	10 Sagitario
	15/6	23 Géminis		
C. 12	21/6	Sol en Cáncer	30/6	8 Capricornio
	19/7	21 Cáncer		
C. 1	23/7	Sol en Leo	30/7	6 Acuario
	13/8	19 Leo		
C. 2	23/8	Sol en Virgo	28/8	4 Piscis (Eclipse total)
	11/9	18 Virgo (Eclipse parcial)		
C. 3	23/9	Sol en Libra	26/9	3 Aries
	11/10	17 Libra		
C. 4	23/10	Sol en Escorpio	26/10	2 Tauro
	10/11	17 Escorpio		
C. 5	22/11	Sol en Sagitario	24/11	1 Géminis
	9/12	17 Sagitario		
C. 6	22/12	Sol en Capricornio	29/12	1 Cáncer

Previsiones para el signo Leo en el año 2026

Tendencias generales: a medio Sol

En líneas generales, las configuraciones planetarias serán favorables, aunque no se observarán aspectos mayores directamente sobre el signo. Sin embargo, el eclipse total de Sol del 1 de agosto en Leo, junto al de Luna del 16 del mismo mes en Acuario, acentuados por la presencia de Neptuno, marcarán momentos clave del año. Algunos nativos del signo comenzarán a percibir su influencia desde el invierno, especialmente por el eclipse solar del 7 de febrero, que se dará en conjunción con Neptuno, y el eclipse total de Luna del 21 de febrero.

A lo largo del año, muchos Leo deberán movilizar una energía extra para hacer frente a dos ejes fundamentales: las relaciones y los asuntos económicos. Para quienes hayan nacido el 1, 2, 15, 16 o 17 de agosto, será recomendable consultar su carta astral personal para identificar con mayor precisión los sectores más sensibles.

En cambio, el tránsito de Júpiter por Capricornio —Casa 6 del trabajo y la salud— y la presencia estabilizadora de Saturno en la Casa 2 de la economía, auguran un periodo de progreso y consolidación laboral, tanto para empleados como para profesionales independientes. El 2026 será un buen año para iniciar nuevas actividades profesionales o para que los más jóvenes del signo adquieran mayor protagonismo en su entorno laboral.

Los nativos de los dos primeros decanatos verán mejoras significativas en los asuntos de la Casa 7, relacionados con la convivencia, debido a que la siguiente anualidad de Júpiter ocurrirá en Acuario. El buen aspecto entre Júpiter —regente de la Casa 5— y Urano —regente de la Casa 7— sugiere decisiones audaces que podrían traducirse en éxitos, además de desplazamientos que generen nuevas fuentes de ingreso.

Mercurio, con largas estancias en signos de aire —elemento afín al fuego de Leo—, favorecerá los sectores relacionados con la comunicación y las relaciones personales.

Saturno también tendrá efectos positivos durante ciertos periodos del año: del 8 de enero al 14 de marzo en la Casa 7 (convivencias), del 3 de mayo al 7 de julio en la Casa 11 (grupos y amistades) y del 29 de agosto al 4 de noviembre en la Casa 3 (comunicación, estudios, entorno próximo). Durante 2026, Saturno continuará transitando Leo para los dos primeros decanatos, y Virgo para el resto.

Los nacidos en torno al 7 de agosto deberán prestar atención especial a la oposición de Neptuno, ya que podrían surgir complicaciones económicas derivadas de vínculos con amigos o familiares.

La vibración anual: jugando al tenis

La vibración numérica del año combina el 10 (de 2025) con el 5, lo que da como resultado el 6 y el 15 como tendencias externas. Esta combinación sugiere que los Leo deberán reflexionar antes de comprometerse con nuevas obligaciones que podrían aparecer a lo largo del año.

El número 6 favorecerá la confianza en lo familiar y profesional, mientras que el 15 invitará a dedicar más tiempo al ocio, a los vínculos afectivos y a la vida social. Con Saturno transitando por Virgo en la Casa 2, es probable que surjan gastos vinculados a la salud o a mejoras en el confort de los seres queridos.

Será una vibración positiva para quienes trabajen en actividades de asesoramiento o servicios especializados. En cambio, podría resultar más desafiante para aquellos involucrados en entornos muy reglamentados, sujetos a normativas, hábitos estrictos o rutinas impuestas.

Trabajo y economía: tendencia a la estabilidad

El respaldo de Júpiter y Saturno actuará como telón de fondo de otros aspectos anuales que impactarán las Casas del trabajo diario y de la economía personal. Si bien se requerirán algunos reajustes, el cumplimiento riguroso de horarios y plazos será recompensado generosamente.

Muchos Leo —especialmente colaboradores y empleados— asumirán funciones de coordinación o delegación de tareas. La fuerte presencia de Virgo durante el verano aliviará las presiones laborales, aunque las vacaciones tenderán a ser breves.

Júpiter, regente de la Casa 5, influirá positivamente en el ámbito profesional: se favorecerán nuevos estudios, ascensos o encargos especiales. Junio será un mes propicio para introducir innovaciones conceptuales o tecnológicas en el trabajo. Septiembre, por su parte, resultará ideal para renovar la dimensión humana de los negocios.

La presencia de Saturno en la Casa 2 no será negativa si se mantiene un control estricto de los gastos. El periodo más favorable para realizar inversiones será desde finales de noviembre hasta la tercera semana de diciembre, aunque convendrá actuar con cautela. En cambio, se recomienda evitar operaciones económicas de riesgo entre el 9 y el 12 de abril, del 9 al 12 de julio y del 4 al 6 de octubre.

Vida amorosa: lides con el amor

A partir del cumpleaños, los Leo de la primera mitad del signo tendrán a Venus transitando su signo, lo cual augura un periodo vibrante en asuntos del corazón. Sin embargo, quienes hayan nacido durante el eclipse solar deberán ser especialmente prudentes, ya que Venus estará en oposición a Neptuno: podría surgir alguien que genere situaciones confusas o emocionalmente comprometidas.

Para el resto de los Leo, Venus se encontrará junto a Mercurio, Marte y Saturno en Virgo, lo cual no será especialmente favorable para el amor, aunque se verán recompensados con una gran amistad.

Con Júpiter en la Casa 6, podrían surgir vínculos sentimentales en el ámbito laboral, especialmente con personas de mayor jerarquía. También podrían tratarse de relaciones de amistad que aporten bienestar y estímulo emocional.

El buen aspecto entre Júpiter y Urano en Piscis, en la Casa 8, favorecerá la profundización de los sentimientos. El trío dinámico formado por Sol, Júpiter y Urano será particularmente beneficioso del 29 de marzo al 1 de abril, el 11 y 12 de mayo y del 10 al 12 de noviembre. Estos días serán ideales para resolver conflictos de pareja, solicitar un ascenso, obtener ingresos adicionales o planificar unas pequeñas vacaciones.

El 27 de noviembre, la lunación en Sagitario, acompañada por Mercurio y Marte, marcará el inicio de una nueva historia de amor. Las relaciones tenderán a ser más francas, menos complicadas y, en algunos casos, se producirán rupturas necesarias que allanarán el camino para algo mejor.

Los buenos aspectos de Venus se destacarán del 7 al 30 de abril, del 25 de mayo al 15 de junio y del 1 al 23 de septiembre.

Hogar y familia: el difícil arte de tener la sartén por el mango

Durante 2026, la Casa 4 del hogar y la familia no recibirá tránsitos planetarios importantes. Sin embargo, la fuerte activación de la Casa 6 (trabajo y salud), sumada a la presencia de Marte en la Casa 2 desde la fecha del cumpleaños, sugiere mejoras materiales en el hogar, lo que podría implicar mudanzas, reformas o reorganización de espacios, tanto residenciales como laborales.

Los asuntos relacionados con los hijos tenderán a estabilizarse, proporcionando a los Leo una sensación de tranquilidad. Es probable que los hijos muestren mayor disposición a colaborar en las tareas domésticas; muchos Leo aprovecharán esta actitud para fomentar su crecimiento personal y sentido de la responsabilidad.

Quienes tengan a Neptuno natal en Escorpio deberán prestar atención especial a los temas domésticos. La Luna llena de mediados de noviembre podría activar conflictos latentes, por lo que se recomienda cuidar la seguridad de los bienes y evitar confrontaciones. A finales de ese mes, la atmósfera se tornará más relajada. Además, Plutón abandonará definitivamente la Casa 5, aliviando tensiones emocionales.

Salud: obtener la protección de Júpiter

Capricornio, signo regente de la Casa 6, también influirá en la salud de los Leo durante el año. Quienes hayan cumplido con ciertas disciplinas en años anteriores —cuando Saturno transitó el signo— comenzarán ahora a ver resultados concretos, salvo que el Nodo Sur en Leo cree una energía de desgaste.

Las tendencias a los excesos disminuirán, en parte gracias a la entrada de Plutón en la Casa 6, que marcará una etapa de mayor conciencia corporal. Será fundamental prestar atención a las señales del cuerpo: puede ser necesario iniciar tratamientos preventivos o específicos para mantener la buena salud.

Los nacidos en los primeros días del signo experimentarán un aspecto tenso, aunque sutil, que los llevará a una mayor toma de conciencia respecto a su salud. Deberán estar especialmente atentos a las enfermedades asociadas al signo.

Los eclipses con Neptuno no afectarán directamente la salud física, pero podrían tener secuelas emocionales o psíquicas. Los meses más delicados en este sentido serán febrero y agosto.

La lunación del 6 de abril formará un aspecto favorable con Neptuno: será un excelente momento para comenzar un programa de salud o de acondicionamiento físico.

Entre el 4 de marzo y el 10 de mayo, los Leo podrían padecer trastornos del sueño, molestias en los pies o un exceso de actividad nocturna. El 20 de abril se producirá un mal aspecto con Júpiter, que afectará más a quienes sufran alteraciones de la presión arterial.

Del 10 de mayo hasta finales de junio, Marte transitará Leo: será un periodo de gran energía, pero también de susceptibilidad a los malestares típicos de la primavera.

Lunaciones y entrada del Sol en los signos en el año 2025 para Leo

	Luna nueva		Luna llena	
C. 6			24/12	1 Cáncer
	8/1	17 Capricornio		
C. 7	20/1	Sol en Acuario		
			22/1	1 Leo
	7/2	17 Acuario (Eclipse parcial)		
C. 8	19/2	Sol en Piscis		
			21/2	1 Virgo (Eclipse total)
	7/3	17 Piscis (Eclipse total)		
C. 9	20/3	Sol en Aries		
			21/3	1 Libra
	6/4	16 Aries		
C. 10	19/4	Sol en Tauro		
			20/4	0 Escorpio
	5/5	15 Tauro		
			20/5	29 Escorpio
C. 11	20/5	Sol en Géminis		
			18/6	27 Sagitario
	3/6	13 Géminis		
C. 12	21/6	Sol en Cáncer		
			18/7	26 Capricornio
	3/7	11 Cáncer		
C. 1	22/7	Sol en Leo		
	1/8	9 Leo (Eclipse total)		
			16/8	24 Acuario (Eclipse parcial)

(Continuación)

	Luna nueva	Luna llena
C. 2	22/8 Sol en Virgo 30/8 7 Virgo	15/9 22 Piscis
C. 3	22/9 Sol en Libra 29/9 6 Libra	14/10 21 Aries
C. 4	23/10 Sol en Escorpio 28/10 5 Escorpio	13/11 21 Tauro
C. 5	21/11 Sol en Sagitario 27/11 5 Sagitario	12/12 21 Géminis
C. 6	21/12 Sol en Capricornio 27/12 6 Capricornio	

Pronóstico general hasta el año 2030

Con el inicio del año 2001, entramos en un siglo fabuloso. A medida que transcurren los años, se intensifica la sensación de estar acercándonos, en muchos aspectos, a la tan anhelada Era de Acuario. No obstante, esta nueva era no se manifestará plenamente hasta el próximo siglo (el siglo XXII). Hasta entonces, no se podrá dar por concluida la era precedente, que se ha extendido por más de dos mil años. Cuando finalmente ocurra, la noticia tendrá un alcance mundial y marcará el corolario de una nueva forma de religiosidad.

No revelamos nada nuevo al afirmar que los cambios más relevantes que presenciaremos en estas décadas vendrán de la mano de los medios de comunicación y del transporte. La llamada "sociedad de la información" apenas ha comenzado a configurarse y se impondrá como sustancia de fondo por encima de cualquier otra etiqueta. El maxiciclo que regirá los grandes procesos de la civilización —el de Neptuno-Plutón, activo desde el Renacimiento— tendrá lugar ahora durante milenios en el signo de Géminis, que marcará el compás de los demás ciclos planetarios mediante los cuales la astrología ha interpretado históricamente la evolución humana.

La esperanza, siempre latente, de viajar algún día más allá de nuestro planeta azul se transformará en casi certeza. Los objetivos que motivarán estos desplazamientos serán variados. A pesar de los mitos de unidad y fraternidad que caracterizarán los próximos dos mil años, el corazón humano no cambiará en esencia; sin embargo, se verá impulsado a modificar su conducta y su manera de estar en el mundo para adaptarse a un entorno estelar plagado de enigmas.

El siguiente paso consistirá en aplicar ese mismo principio de adaptación a nuestro planeta entero. Si repasamos la historia, todo parece conducir a ello. El concepto de entorno se transforma: no llegaremos a dominarlo por completo, pero la tentación de asumirlo como parte del yo será creciente. La síntesis de los medios de comunicación alcanzará niveles asombrosos: la memoria colectiva y la actualidad podrán llevarse literalmente en la muñeca, como antes se llevaba el reloj.

Sin embargo, este avance traerá consigo una acentuación del individualismo. El ser humano tenderá a convertirse en una figura solitaria, aunque sin abandonar del todo su necesaria pertenencia al grupo. En este nuevo contexto, la pareja y la familia podrán evolucionar en direcciones opuestas: o se revalorizarán, o se verán profundamente cuestionadas.

Para que la curiosidad propia de Géminis —asociado al adolescente estelar— se despliegue libremente y permita el desarrollo del cuerpo mental (una etapa clave en la evolución espiritual según todas las tradiciones esotéricas), será cada vez más necesaria una unidad planetaria que trascienda la diversidad de países, regiones y culturas. Se movilizará mucha energía en pos de ese ideal, superando estructuras obsoletas que obstaculicen su consecución.

Así, tanto a nivel colectivo como individual, se verá acentuado un atributo propio de Piscis —signo regente de la era saliente—: el navegar entre dos aguas, entre un mundo que se despide, parroquial y predecible, y otro que se perfila, lleno de incertidumbre y expectativas. Neptuno, presente en Piscis desde 2011 hasta 2026, hará aflorar una síntesis de lo positivo y lo negativo de los dos milenios anteriores, provocando reacciones insólitas que pueden ir desde el misticismo hasta el mesianismo más extravagante.

El verdadero asombro del siglo no provendrá tanto de los avances científicos anunciados por Acuario —aunque estos tocarán de lleno el campo de la medicina y la sanidad, debido a los tránsitos de Neptuno y, antes, de Urano por Piscis entre 2004 y 2010—, sino del nuevo statu quo mundial que comenzará a perfilarse hacia 2060. Esta transformación probablemente tendrá como eje la transición de Estados Unidos hacia un sistema más alineado con su potencial y su papel global, y la consolidación formal de una integración continental de las Américas. Mientras tanto, la Europa atlántica desempeñará un papel clave en el desarrollo del continente, acorde con su fase civilizatoria.

Estas nuevas reglas de juego permitirán que más personas participen en la mutación y se beneficien de los avances. Se definirán con mayor claridad las áreas donde las nuevas fórmulas tendrán más impacto y continuidad. Aun así, una de las problemáticas más persistentes será la desigualdad generalizada, acentuada pese a todos los progresos.

Existe la posibilidad de que emerja una clase social intermedia más sólida a nivel global, que comparta valores fundamentales independientemente de sus diferencias culturales o económicas. Pero antes de alcanzar esa etapa, deberán enfrentarse otros desafíos.

Si analizamos los ciclos planetarios en expansión y aquellos en fase de declive, observamos que los primeros veinte años del siglo XXI muestran una clara tendencia ascendente en los ciclos de Urano, Neptuno y Plutón —planetas vinculados al progreso civilizatorio—. Aunque experimenten momentos críticos, podrían garantizar un salto cualitativo sin precedentes, aunque no exento de un alto precio.

Son los contactos posteriores de estos planetas transpersonales con Júpiter y Saturno —los reguladores de la vida social, económica y política— los que marcarán un descenso acentuado hacia el año 2027, con uno de los índices más bajos jamás registrados desde los siglos XIX y XX, seguido de una posterior recuperación.

Este declive se remonta a la conjunción de Júpiter y Saturno en Tauro en el año 2000, una cita que se renueva cada veinte años. De 2000 a 2003, estos planetas mantuvieron su conjunción en Géminis, al tiempo que iniciaban ciclos descendentes con Plutón en Sagitario. Esta configuración indica un clima de tensión en temas como racismo, religión, inmigración, terrorismo, sida, catástrofes naturales, petróleo y sus derivados, así como legislación relacionada con el transporte y la circulación.

Los años 2004 y 2005 serán marcados por desilusiones colectivas, derivadas de los malos aspectos que Júpiter y Saturno formarán con Neptuno en Acuario. Se empezará a notar, a nivel colectivo e individual, que algo no funciona en el nuevo paradigma. El efecto dominó generado por esta frustración será difícil de revertir, ya que los ingredientes del colapso suelen prepararse varios años antes de las grandes conjunciones, y se consolidan después de su manifestación, tal como ocurre también en el plano individual.

Este futuro plausible, que se proyecta a cuatro o cinco años vista, generará una inquietud —a menudo inconsciente— respecto a todo lo que se inicie o reformule en este comienzo de siglo. La aparente seguridad ofrecida por la conjunción Júpiter-Saturno en Tauro (asociada a las costumbres, la economía y la política) se verá amenazada por la influencia disruptiva de Urano en Acuario. Las amenazas, en este contexto, pueden provenir de cualquier parte.

Al producirse en signos fijos, estos procesos serán difíciles de modificar, lo que llevará a muchas personas a adoptar actitudes fatalistas o a cuestionar seriamente las formas tradicionales de progreso. Así se actualizará el antiguo mito de Saturno castrando a Urano.

Se avecina un nuevo punto crítico, aún más contundente, hacia los años 2009-2010, con la oposición Júpiter-Saturno en plena ebullición, coincidiendo con la entrada de Urano en Aries y de Plutón en Capricornio, donde permanecerá hasta el año 2030. Esta oposición ocurrirá además tres veces, lo que la hace particularmente inusual.

La mayoría de los horóscopos de países, tratados y acuerdos internacionales se verán afectados. Será más fácil incumplir compromisos que ratificarlos, y la diplomacia tendrá una eficacia limitada. Con los signos cardinales involucrados, se esperan convulsiones profundas y estados generalizados de emergencia. Los poderes tradicionales se verán desafiados por fuerzas paralelas, rebeldes e independientes, nacidas de una macroeconomía iniciada a mediados de los años noventa y consolidada por la conjunción en Tauro, que alteró el mapa productivo mundial e introdujo nuevas fronteras volátiles.

Esta misma lógica puede alcanzar las fronteras geopolíticas, con posibles enfrentamientos internacionales que oculten crisis internas. A ello se sumarán trastornos climáticos severos, sequías, escasez de agua y contaminación marina.

El último tramo, de 2022 a 2027, será especialmente delicado, sobre todo en Oriente —con la excepción de China, inmersa en la mayor revolución de su historia— y en los países nacidos tras los procesos de descolonización iniciados con la conjunción Urano-Plutón en 1965.

Como consecuencia, se irá gestando un cambio radical en el modelo económico, aunque no será hasta 2040 —con la nueva conjunción Júpiter-Saturno en Acuario— cuando comenzará una recuperación perceptible, probablemente desde un deterioro considerable.

Desde la perspectiva de mediados del siglo XXI, los primeros veinte años podrían verse como un "agujero negro" por el que atravesó la humanidad: un llamado de atención para no repetir errores pasados, tanto en las relaciones humanas como en la gestión de los recursos y el equilibrio del planeta.

No será la primera vez que algo así ocurra... pero sí será la primera vez que lo haga a escala verdaderamente planetaria.

www.ingramcontent.com/pod-product-compliance
Lightning Source LLC
LaVergne TN
LVHW020319061026
849616LV00032B/446
* 9 7 8 1 6 4 4 6 1 0 3 1 2 *